唯識第一課——大乘廣五蘊論略解

淨海法師——著

—自序—

以五蘊思想解說唯識法相

德州佛教書院自一九九九年成立以來，每年夏秋之間，為會友們及本地華人佛教徒，開辦短期佛法課程，為期三個月，定每週上課二小時，或邀請外地法師來集中時間上課二週，講授一經或一論，或一個佛法主要論題，加強大家對佛法的認識。

二〇〇五年八月，德州佛教書院開課，決定由我講解《大乘廣五蘊論》，當時報名參加研討的人有六十多位，在開講第一課時，我就很坦誠地告訴大家：「此論篇幅不長，前面大部分還比較容易懂，到後面識蘊部分，由於文字太過簡略，名相和義理比較不容易講解。到時我能講的就講下去，不懂或難講的地方，就把它念一遍跳過去，留著以後再去慢慢領會。這是以前我的老師慈航老人，為同學們講授佛學課時，遇到困難不懂的地方，常使用的一招方法，不要因為不懂就不去學習，日後讀多了就懂了。」後來我們有些同學，利用這個方法自修佛法，遇到困難就先跳過去，當研讀多了，也會自然通達。

《大乘廣五蘊論》，古往今來註疏不多，尤其身居海外，參考書更少。當時我手邊僅有于凌波居士著的〈大乘廣五蘊論講記〉（收在《唯識學入門六記》中），是以懸論大綱的方式講解，雖也大部分引用《大乘廣五蘊論》（以下簡稱《廣論》）原文，並未依文逐句多做解釋。

當我講到一半時，班中王偉頤居士，忽然送我一本蔣維喬編註的《大乘廣五蘊論註》做參考用。過去她在香港住時，曾學習過唯識和中觀。再過幾天，她又找出一本熊十力著的《佛家名相通釋》，本子已經很破舊了，借給我用，我如獲至寶。其中上卷大部分就是專門解釋《大乘廣五蘊論》名相和句中意義的，解決了我講解時不少的困難。

二〇〇七年夏，《佛光法苑》向我索稿，於是我就想到曾經講過的《大乘廣五蘊論》，試著把它編寫出來，題為〈大乘廣五蘊論略解〉，供做連載。到今年秋，我再將舊稿重新做了一番修改和整理。現在，我要說的有以下幾點：

一、公元二世紀，印度龍樹論師出世，造了著名的《中論》等書，融會貫通了阿含及般若思想，倡揚中觀，一切法緣起性空，離執二邊，會歸中道，顯示一切法畢竟空無自性，後被稱為空宗。隨後因佛教的發展，很多人不能掌握空的真實義，有以為空是什麼都沒有了，否定一切因果正法，墮入惡趣空的境地。到公元四世紀中期，無著、世親出世，針對人們對空義的誤解，另從法相有的方向來解說佛法，分析一切法依因仗緣而成，是唯識所現。從現象上講，可見、可聞、可觸、可知，有它的體性和業用，主旨也宗歸於緣起中道，後被稱為有宗。

二、世親論師初信一切有部，後經其兄無著論師感化而改信大乘，《大乘五蘊論》被推定為他初信仰大乘後，最早的一部大乘論作。後再經安慧論師註釋擴充，才成為《大乘廣五蘊論》。從造論和釋論二者看，都是以五蘊法為中心，列出色法、心所法、心不相應行法、心王八識，以及在論後加入的蘊、處、界三科中，也列出無為法，縱貫將五位百法（略少些）完成初步的組織架構，建立法相唯識學體系，把每一個名相的自體性質及其業用功能，都做了精確的定義和解說，依名相以詮釋整體的佛法，有如古代佛法名相辭典，而且與後期發展的唯識學說，大體上都吻合相通。對我們研究唯識、諸法的分類和名相的意義，更方便容易學習和把握。

三、五蘊法是佛陀住世時常說的基本佛法內容之一。至於五蘊安立次第的原因，世親在《俱舍論頌》裡有一頌文說：「隨粗染器等，界別次第立。」意思是：隨粗的次第、隨染的次第、隨器的次第、隨界分別的次第而安立。現在只舉隨界分別的次第來說，因為一切有情都生存在三界中，即欲界、色界、無色界。欲界是五欲（色、聲、香、味、觸）最勝，而五欲中色欲又最勝，故色蘊安立為第一。色界中禪定都有喜樂受，故受蘊安立為第二。無色界中加行修觀想，在空無邊處、識無邊處、無所有處三無色定，都以觀想為勝，故想蘊安立為第三。到無色界最高的非想非非想處，以思心所為最突顯，思心所能造業，屬於行蘊，故安立行蘊為第四。識蘊中的四識住（色識住、受識住、想識住、行識住），能住的是識，所住的是色、受、想、行，即在四蘊中，都有識的生起，而住於其中，故識蘊安立為第五。如下表所示：

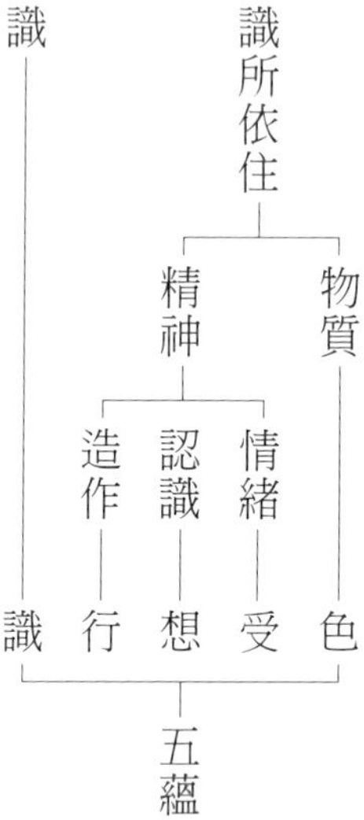

四、五蘊中的色蘊，是構成物質世間的因素，受、想、行、識四蘊，是構成有情

心理作用的因素。五蘊積聚是說明人類及宇宙一切事物，都建立在緣起的基礎上，為原始佛教的基本教義。五蘊含攝一切法，如色法、心法、心所法、不相應行法，甚至也通無為法，是分析解說人生和宇宙的真相，旨在破除眾生的我執及我所執，在大小乘經典裡，隨處都說到。依世親《大乘五蘊論》架構組織，而且多宗於彌勒、無著法相體系。後來世親再著《百法明門論》。此論本身很簡略，名相解釋不多，但已逐漸完成列出他後期的唯識體系。唯識與法相的分別，近代佛教學者認為，若從整個佛法來說，唯識必是法相的，法相不必宗唯識。

五、五蘊是色、受、想、行、識，百法是心法、心所法、不相應行法、色法、無為法。五蘊與百法的名相和內容幾乎都相同，其中最大的分別，是排列方法的不同。在五蘊中色蘊列在最先，因為我們先認識的是物質世間；百法以心王為主，然後再展開心所法等，這都各有理由。五蘊中受、想二法因為功用特別殊勝被提出來立為二蘊；在百法中仍屬為心所法部分。五蘊中行蘊，除去受、想二法以外，包括了四十九個心所法，還包括不相應行法；百法中的心所法，包括全部的五十一個心所法及不相應行法。五蘊中的識蘊放在最後，因為了解受、想、行三蘊，更深一層才去探討了解識蘊；而百法心王八識，是列在最先要討論的主題。百法中的無為法，是出世間法，而五蘊只講世間法，但在世親《大乘五蘊論》後加入〈三科〉中，將無為法攝於十二處的法處。至於五蘊為什麼不攝無為法？依世親《俱舍論頌》說：「蘊不攝無為，義不相應故。」

六、初學唯識的人，《百法明門論》和《大乘廣五蘊論》，都被列為初步入門的論典。但現在講解的人，多數採用《百法明門論》，註解的書也特別多。但我認為用《大乘五蘊論》或《大乘廣五蘊論》（《廣論》是註釋《五蘊論》的，內容更豐富），以五蘊中心思想連貫教義，更能探求和了知佛法的源流，而且其中名相，都有論文做精確的解說，讀起來頗具趣味。所以古德認為，《大乘五蘊論》是「粗釋體義」，《百法明門論》是「略陳名數」。近人學者熊十力著《佛家名相通釋》一書說：「略分二卷，卷上，依據《五蘊論》，綜述法相體系。卷下，依據《百法》等論，綜述唯識體系。」是有特見的。

在本書出版之前，承本會伍秉華居士細心審閱，特別是法鼓文化編輯組更為我多次精校和查證，非常的感謝。不過這篇文稿編寫出來的，都是依文解義而已，沒有什麼特殊之見，尚祈高明者多做指教。

二〇一〇年十二月二十六日

目次

緒言

論題大意

《大乘廣五蘊論》，是安慧論師對世親菩薩（四、五世紀）所造的《大乘五蘊論》加以註釋，增廣內容的一部論典，所以被稱為《大乘廣五蘊論》。

大乘（Mahāyāna），音譯摩訶衍那，摩訶是大的意思，衍那是車乘，運載的意思；摩訶衍那合解為大的車乘，意指偉大的教法，一般也是對大乘佛教的通稱。大乘佛教是在公元一世紀前後，古印度佛教發展史上所形成的一個教派，宗旨為能運載無量眾生從生死的此岸，到達涅槃的彼岸。此派自稱為大乘，卻貶稱早期原始佛教或部派佛教為小乘。大乘佛教思想的特色，是以智慧、慈悲、願行做為救世利他的宗旨，修學菩薩道，以成佛為最高的目標。

五蘊，是指色蘊、受蘊、想蘊、行蘊、識蘊五者。蘊（skandha）是積聚之意，舊譯為陰，為蓋覆之意。五蘊是指五種要素的積聚，或五種重要成分的組合，為構成有情身心存在的五種要素，形成一個生命的基本組織。色蘊是指物質性積聚的東西，特指有情身體的本身，是屬於物質性的組合；受是感受作用，即感覺和情緒等；想是想像，心中浮現的形象，或表象作用；行是意志、意念，是除受、想以外所有的心所作用；識是了別和認識作用。色蘊是組合身體的物質，後四蘊是精神作用的組合，即積聚物質和積聚精神這五者，構成有情生命存在的要素。但眾生在五蘊組成的身心中，執著有一個真實的自我，或以為有一個靈魂或神我的東西存在，而不知是因緣虛假的組合。佛說一切法無我，五蘊既為因緣組合，確實是找不到一個獨立自我的存在。

佛陀所說的一切教法，最先結集成經和律，其後歷代高僧大德對經和律的內容，加以整編和分類，再展開研究及註釋，因而形成獨特的論書。再後與經、律合集起來，就稱為三藏。本論主旨是研究五蘊法的內容意義。

世親菩薩著作極多，其中《百法明門論》被稱為「略陳名數」；《大乘五蘊論》是「粗釋體義」，二者為修習唯識學的入門論典。前者略要陳述諸法的名相，後者是粗略解釋名相的意義。《大乘五蘊論》，據現代學者推測，是世親從其兄無著勸說轉信大乘法後，最初造的一部論書，由於太過簡要，不容易了解，所以安慧論師再加以增廣內容，擴充義理，而成為《大乘廣五蘊論》，從原來的三千多字，增加到七千多字，後來教學唯識的人，一般都採用《大乘廣五蘊論》做為初級入門教材。

現在《唯識第一課》中，分為四部分：「本論」、「釋論」、「今譯」、「略解」。在《大乘廣五蘊論》的正文中，很明顯地分有「本論」和「釋論」二部分，「本論」基本上是引用世親菩薩的《大乘五蘊論》之文，「釋論」是引用安慧論師《大乘廣五蘊論》的註釋部分，這樣分別標明出來，在《廣論》文中，就可清楚了解何者為世親本論原文，何者是安慧釋論部分。「今譯」是對世親和安慧二位論師的論文，用現代語說出來。「略解」是依論文內容和意義，做一綜合性簡要的解釋和分析。論文中容易了解的部分，則不多做解說。

為增加對名相的了解，在「略解」中亦引用《成唯識論》等文解說，可更把握到名相精確的意義。其次，對論文中一些專有名相和定義，有時會做簡要的「註釋」。為貫通前後文義理的關係，有時也引用簡單的「表解」說明。

造論者略歷

世親

世親（Vasubandhu），亦譯天親，音譯婆藪槃豆，在《大正藏》第五十冊有〈婆藪槃豆法師傳〉一卷，陳真諦譯，說是生於佛滅九百年。據印順導師的考證，世親於公元三六一年出生，約公元四四〇年去世，世壽八十歲。世親為古印度大乘佛教瑜伽行派創始人之一，無著之弟，師子覺之兄，三人皆出家，具有盛德，為健馱羅國富婁沙富羅（今巴基斯坦白沙瓦西北）人。

世親先在說一切有部出家，博學多聞，遍通內典，造作多部論書，弘揚小乘，尤精說一切有部論書《阿毘達磨大毘婆沙論》，並吸收經量部思想，編造釋文，成《阿毘達磨俱舍論》。後受兄無著感化，轉學大乘，宗本瑜伽，使彌勒、無著之學得以廣泛宏傳，著作論書多部，為唯識集大成者。中譯本主要有《大乘莊嚴經論釋》、《攝大乘論釋》、《辯中邊論》、《金剛經論釋》、《十地經論》、《淨土論》、《唯識二十論》、《唯識三十論頌》、《大乘成業論》，及包括前述的《百法明門論》及《大乘五蘊論》等。

安慧

安慧（Sthiramati，四七五～五五五），是世親之後人，唯識十大論師之一，上承德慧，下傳真諦。據《成唯識論述記》卷一載，安慧為南印度羅羅國（伐臘毘國）人，勝解唯識、因明，善於議論，與護法同時，但主張有異。在心識作用方面只承認自證分為實有，而見分、相分是情有理無，故被稱為「一分家」。安慧治學的態度，不固守一家之言，對於唯識法相，論述頗為著力。主要著作有《大乘廣五蘊論》、《大乘中觀論釋》、《唯識三十頌釋論》、《俱舍論實義疏》、《大乘阿毘達磨雜集論》等。

譯者小史

此論譯者「大唐中天竺三藏地婆訶羅奉詔譯」，大唐指唐代，中天竺即中印度。三藏，指佛教聖典的經、律、論，一般稱為三藏。地婆訶羅（六一三～六八七）是此論的譯者，為梵文名 Divākara 的音譯，意譯日照，中印度人，婆羅門種姓，幼年出家，住摩訶菩提寺、那蘭陀寺。地婆訶羅精通經、律、論三藏，故稱三藏地婆訶羅，即是通達三藏的地婆訶羅法師，並兼善五明，特精咒術。風儀溫雅，神機朗俊。

當他知悉玄奘已學成歸國，遂有遠遊之志，於唐高宗儀鳳（六七六～六七九）初年來長安，從事翻譯經論，介紹印度中觀派新學說，稱為新三論。至武后垂拱年間，共譯出《大乘顯識經》、《大方廣佛華嚴經入法界品》、《佛頂最勝陀羅尼經》等十八部，三十四卷。垂拱三年於東太原寺入寂，享年七十五歲。奉詔譯，意為奉國王的詔令而翻譯此部論。或凡受到國家的護持或供養，所譯出的經論，多冠以奉詔譯，是表示對君王的一種敬意，並不一定都是直接受到國王的詔令而翻譯的。

論文講解

壹、色蘊

【本論】

佛說五蘊❶，謂色蘊、受蘊、想蘊、行蘊、識蘊。

【今譯】

佛說的五蘊，就是色蘊、受蘊、想蘊、行蘊、識蘊。

❶五蘊：蘊是積集、聚合之意，指各種要素的積聚。五蘊是色蘊、受蘊、想蘊、行蘊、識蘊。色蘊是指一切物質及物質的特性，包括四大種及四大所造色。受蘊是指一切感受、情緒；想蘊是指一切想像和概念；行蘊是指一切意志造作和動機，這三蘊共有五十一個心所法。識蘊是一切心理了別的作用，包括世間及出世間的心。五蘊就是五種構成一切生命存在的基本要素，認識它是我們了解身心與世間及悟入真理的開始。

【略解】

五蘊可以分成色法和心法，色法是物質的，心法是精神的或心理的。色法與心法，即物質與精神。色法是物質性的存在，有體積占有空間，有質礙性，會變壞散失。單是色法則稱為無情。但一個有情生命的存在，除具有物質性的眼、耳、鼻、舌、身五根身體外，還要具有緣慮思想的精神作用，即受、想、行、識的心理活動，色、心積聚組合起來，才能形成一個生命體，稱為有情。

色蘊：是泛指一切物質現象的積聚，一般是指有情的身體。色蘊是由地大、水大、火大、風大四種元素構成，這四大元素集合在一起，即構成物質。

受蘊：相當於遍行心所中的受心所，指感受或情緒，為各種感覺的組合，即接觸領納外境時心理所引起的苦、樂、非苦非樂（捨受）的感受。

想蘊：相當於遍行心所中的想心所，是指意象、認識境界，安立種種名言的心理作用。

行蘊：在本論中是除去受、想以外的四十九個心所法，行指一切有為法有遷流造作之意，以及包含不相應行法，能起意志和決定的作用。

識蘊：總指八識心王，是一切精神活動或心理認識作用。

對有情而說，特別是指我們的身心，都是由這五種要素組合而成，色蘊是包括物質的、生理的，受、想、行、識四蘊是包括精神的、心理的。

又佛說五蘊，有破除眾生的執我之見，解析宇宙與人生，只是五蘊法的互相積聚而已，根本沒有一個真實的自我存在。

五蘊表解

五蘊
- 色蘊↓物質（四大）↓物質現象
- 受蘊↓感受、情緒
- 想蘊↓取像、概念
- 行蘊↓造作、意志
- 識蘊↓了別、認識

（受蘊、想蘊、行蘊、識蘊）↓精神現象（心理作用）

五蘊與百法關係表

- 五蘊
  - 色蘊——色法（物質）（11）——身體
  - 受蘊——受（1）
  - 想蘊——想（1）
  - 行蘊
    - 除受、想之外的其他心所（49）
    - 不相應行法（24）
  - 識蘊——心王（8）
- 無為法（6）

受（1）、想（1）、其他心所（49）、不相應行法（24）、心王（8）、無為法（6）——心理

身體、心理——百法

*括弧中的數字代表每一種法的數量。

一、四大種及大種所造色

【本論】

云何色蘊？謂四大種❷及大種所造色❸。

【今譯】

什麼是色蘊？是指四大種及大種所造色。

【本論】

云何四大種？謂地界、水界、火界、風界。此復云何？謂地堅性、水濕

❷四大種：四種最重要的元素，即地、水、火、風，是構成一切物質的原因，故稱種；四大種是能普遍地構成物質性的東西，故稱大。

❸大種所造色：色是指物質，由地、水、火、風四大種所構成的一切物質，四大是能造，物質是所造，故稱所造色（物質）。

性、火暖性、風輕性。

【釋論】

界者，能持自性、所造色故。

【今譯】

什麼是四大種？是指地界、水界、火界、風界。此四界又是如何呢？地界是指物質中的堅固性，水界是指物質中的潤濕性，火界是指物質中的暖性（溫度），風界是指物質中的輕動性。

界的意思，能保持自身的性質及保持所造色法的相續不失壞。

【略解】

四大種，是指地界、水界、火界、風界，一般稱四大。這四種重要的元素，是普遍構成一切物質的基本元素，在體性和業用方面都極其盛大，故稱大種。四大種為一切色法能造之因，由四大種所造成一切物質性的東西，稱為所造色。能造和所造，都屬於色蘊。地、水、火、風四界，是就物質性的東西而言，堅固性的屬地大，有保持作用；潤濕性的屬水大，有凝集作用；溫暖性的屬火大，有使成熟作用；流動性的屬風大，有使生長作用。四大的元素，有近乎現代語的固體、液體、溫度、氣體的性質。

四大所以稱為界者，界有執持義，一能執持四大種自身本質不失壞，二能執持所造色相續不失壞。所以四大種，是指堅、濕、暖、動四物的性質，並不是指地、水、火、風的四種實物。如舉例說：我們人的身體，骨頭和肌肉之類屬於地大，血液、汗水、大小便利屬於水大，體溫屬於火大，呼吸及關節運動屬於風大。

能造的四大種，大有四義，故稱為大。1.為所依故：四大種為一切所造色的所依處。2.體寬廣故：指四大種遍及一切所造色，體性寬廣。3.形相大故：指地、水、火、風四大，其形相廣大。4.起大用故：指四大對世界成、住、壞、空，作用最大。

種是因義，是一切色法的能造之因，而生起種種色法。因有五種，稱為五因。1.生因：四大種能帶諸色法生起，若離大種，色法則不生。2.依因：所造色生起後，若離開大種，一切所造色，沒有流轉於別處的功能。3.立因：又稱隨轉因，大種若有變異，所造色也隨之變異。4.持因：又稱住因，由大種持令不絕的原因，大種所造色，相似相續而生。5.養因：又稱長因，由大種養其所造色，能令增長。

做為能造的四大種，具備以上五因的特性，而所造四大則沒有此特性。

【本論】

云何四大所造色？謂眼根、耳根、鼻根、舌根、身根、色、聲、香、味及觸一分❹、無表色等❺。

【釋論】

造者，因義。根者，最勝自在義、主義、增上義，是為根義。所言主義，與誰為主？謂即眼根與眼識為主，生眼識故；如是乃至身根與身識為主，生身識故。

【今譯】

什麼是四大所造的色法？即指眼根、耳根、鼻根、舌根、身根，色、聲、香、味、觸之中的一分，以及無表色等。

造者，四大種為能造之因。根者，根有殊勝的自在義、自主義、增強助力義，這是根的意義。所謂自主義，是與什麼為主呢？是指眼根與眼識為主，因為能生眼識之故；這樣乃至身根與身識為主，因為能生身識之故。

【略解】

四大種是能造，由地、水、火、風四種元素所構成的物質，包含十一種，即：眼根、耳根、鼻根、舌根、身根（上為五根），色、聲、香、味、觸之中的一分（上為五境），以及無表色等。

造為因義，四大種為能造之因，十一種是所造的各種色法。第一類色法是五根，每一根在其本位上各具有三義：1.最勝自在義，指依淨色根在人體中能發動心識的生

❹觸一分：這裡是指身根所觸的境，即觸覺的對象。不是指觸心所，因為觸心所是由根、境、識三者和合所生。

❺無表色：外表沒有呈現出來的行為，被認為是物質性的存在，為無表色。如修禪定得到心一境性，這種定境是不能表現於外的。

起，例如依眼根緣色境，眼識能了別眾多之色。2.主義，根有自主的能力，能專司發動心識的生起。3.增上義，能扶助心識的生起，如在所依的眼根增強時，則能依的眼識所見就明亮，所依的眼根衰弱時，則能依的眼識所見就暗昧，所以眼根對眼識有增上的助力。以上根的三義，其中主義，是指眼根與眼識為主，因為能生眼識故；耳根與耳識為主，因為能生耳識故；鼻根與鼻識為主，因為能生鼻識故；舌根與舌識為主，因為能生舌識故；以及身根與身識為主，因為能生身識故。又依五根緣五境能生起五識，是指五根能令發動扶助五識的生起，不是說五識為五根的副產物。

第二類色法是五境，亦稱五塵，色境包括顯色、形色、表色三種。顯色是青、黃、赤、白等；形色是長、短、方、圓等；表色是取、捨、屈、伸等。

第三類色法是無表色，這是無法表現在外面的行為，分律儀無表（善）、非律儀無表（不善）、非律儀非不律儀無表（非善非惡的律儀）。

又四大種所造的色法（物質），有內外之分，內色是指我們的色身，外色是指器世間，即物質世界。佛說五蘊法，都是與我們的身心有關，所以色蘊，也多指我們的色身，即身體。

二、五根、五境、無表色

【本論】

云何眼根？謂以色為境，淨色❻為性。

【釋論】

謂於眼中一分淨色，如淨醍醐❼。此性有故，眼識得生，無即不生。

❻淨色：透明清淨的物質存在，特指眼、耳、鼻、舌、身五根，故稱淨色根，亦稱勝義根，淨色的感官，有殊勝的功用，能發識取境。五根淨色，即指五官健全的神經組織，有生起感覺作用的機能，如眼有視覺作用，耳有聽覺作用等。

❼醍醐：牛乳可以煉成酪，酪可以再煉成生酥，生酥可以煉成熟酥，熟酥可以煉成純淨的醍醐，佛法中稱為五味。醍醐是五味中最上者。

【今譯】

什麼是眼根？即以眼根緣取色境為對象，它具有一分透明清淨的物質存在（健全的視神經），為它自身的性質。

在眼根中，具有一分清淨的物質，清淨得如煉成最晶瑩清澈的醍醐一樣。眼根中有了這一分透明清淨的物質存在，眼識就能生起，如沒有即不能生起。

【略解】

五根和五境都屬於色法，是物質性現象。

色法有質礙、變壞、方所示現等義，如物質在互相觸對時會受到障礙，這是質礙義；物質有生、住、異、滅四相，異滅就是變壞義；物質有形狀體積可以顯現，占有空間，是方所示現義。

五根是有情生理的，為生起感覺的機能，相當於五官組織，能司認識作用。五境，亦稱五塵，或合稱為塵境，是五官認識的對象境界。

佛法講的眼根、耳根等，不是講普通的眼睛、耳朵等，是講眼睛、耳朵等當中的一分清淨色，一種清淨的物質。

眼根是眼識發生的地方，以緣取外面色境為對象，此色境是眼根的對境，即視覺對象，指顯色、形色、表色等。在眼根中具有一種非常精密透明清淨的物質（視神經組織，或視覺器官）。在眼根中，只有這一部分的物質，並不周遍全眼官組織，這如煉成最晶瑩純淨的醍醐一樣。清淨的醍醐，是形容眼睛當中有一分清淨的色（物質）。眼根中有了這一分透明清淨的性質，就能依眼根生起眼識的作用。

五根分為二種：一是淨色根，又稱勝義根，在肉體的內部，非肉眼所能見，有發識取境的作用；二是扶塵根，是由眼球、耳穴等血肉所形成，有扶助勝義根發識的作用。五根中的淨色根，在唯識學中每一根都各有其意義和作用，眼根有能見（視覺）義，耳根有能聞（聽覺）義，鼻根有能嗅（嗅覺）義，舌根有能嘗（味覺）義，身根有能觸（觸覺）義，這正好說明就是五官的作用。如人的眼睛，內有見不到的視神經組織，即淨色根，外形有可見到周圍的肉眼組織，即扶塵根，有保護淨色根的作用。不管是淨色根或扶塵根，任何一樣受損或破壞，都不能發生作用。舉眼根為例，如人的眼睛外表構造雖然完整，但視覺神經破壞了，即看不到東西；反之視覺神經完整，而眼睛外表構造嚴重受損，同樣會看不到東西。其餘耳、鼻、舌、身四根情形也是一樣。

在五根中，眼根緣取色境，能做眼識的所依而生起眼識，使緣取色境，乃至身根緣取觸境，能做身識的所依而生起身識，使緣取觸境。而前五識皆以了別境界，即五識依五根了別或認識五境。

根境識的關係

	（五識）	（五根）	（五境）
識了別境	眼識	依眼根	了別色境
	耳識	依耳根	了別聲境
	鼻識	依鼻根	了別香境
	舌識	依舌根	了別味境
	身識	依身根	了別觸境

上表從認識上來說，眼識依於眼根，了別色境，乃至身識依於身根，了別觸境。

根、境、識三者之間，互相有能所的關係，如表所示：

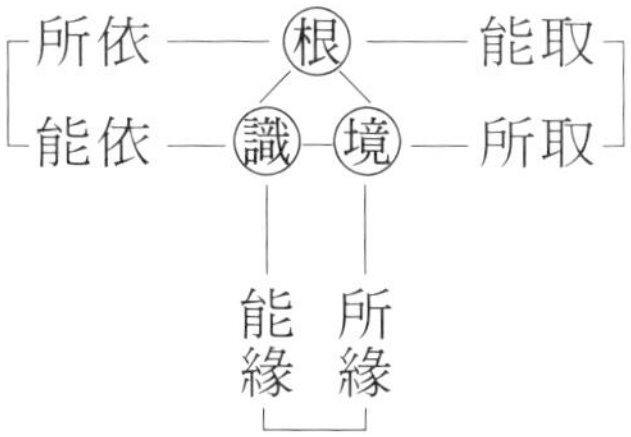

【本論】

云何耳根？謂以聲為境，淨色為性。

【釋論】

謂於耳中一分淨色。此性有故，耳識得生，無即不生。

【今譯】

什麼是耳根？是以緣取聲境為對象，它具有一分透明清淨的物質存在（健全的耳神經），為它自身的性質。

在耳根中，具有這一分透明清淨的物質存在，耳根中有了這一分清淨的物質，耳識就能生起，如沒有即不能生起。

【略解】

耳根是耳識發生的地方，耳根中有一分透明清淨的物質（聽神經組織，或聽覺器官），如聽覺的耳鼓，在耳穴裡非常細小，並不周遍全耳官組織，耳根有了這一分透明清淨物質，就能依耳根生起耳識的作用。

【本論】

云何鼻根？謂以香為境，淨色為性。

【釋論】

謂於鼻中一分淨色。此性有故，鼻識得生，無即不生。

【今譯】

什麼是鼻根？即以緣取香境為對象，它具有一分透明清淨的物質存在（健全的嗅神經），為它自身的性質。

在鼻根中，具有一分清淨的物質存在，鼻根中有了這一分清淨的物質，鼻識就能生起，如沒有即不能生起。

【略解】

鼻根是鼻識發生的地方，鼻根中具有一分組織是透明清淨的物質（嗅神經組織，或嗅覺器官），如嗅覺居於鼻額內非常細小，並不周遍全鼻官組織；鼻根有了這一分透明清淨物質，就能依鼻根生起鼻識的作用。香有好香、惡香、平等香。好香聞了令人產生愉快，惡香即不好之香，有臭穢的氣味，令人聞了產生厭惡，平等香（不香不臭之香）令人聞了，不會產生感覺。

【本論】

云何舌根？謂以味為境，淨色為性。

【釋論】

謂於舌上周遍淨色；有說，此於舌上，有少不遍，如一毛端。此性有故，舌識得生，無即不生。

【今譯】

什麼是舌根？是以緣取味境為對象。舌根是一分透明清淨的物質存在（味神經），為它自身的性質。

在舌根上，有組織非常精密透明清淨的物質（味神經組織或味覺器官），是遍滿全舌根的。也有說，在舌根上有少部分不周遍，只有一毛端大小。舌根有此透明清淨的性質，就能依舌根生起舌識的作用，如沒有即不能生起。

【略解】

舌根是舌識發生的地方，舌根能攝取外界味境對象，並引起心內舌識的認識作用。舌根的梵語，原義有能嘗之意，即能嘗味道。

【本論】

云何身根？謂以觸為境，淨色為性。

【釋論】

謂於身中周遍淨色。此性有故，身識得生，無即不生。

【今譯】

什麼是身根？是以緣取觸境為對象。身根是具有一分透明清淨的物質存在（健全的觸神經），為它自身的性質。

在身根中，有組織透明清淨的物質（觸神經組織或觸覺器官），周遍全身根。身根中有此透明清淨的性質存在，就能依身根生起身識的作用，如沒有即不能生起。

【略解】

身根是身識發生的地方，身根所對的觸境，即觸覺對象，是五境、十二處、十八界之一；不是指五遍行中的觸心所，觸心所是由根、境、識三和而生。也不是十二因緣之一的觸，此觸是對外界開始接觸之意。在身根中，有這種周遍透明清淨的物質（觸神經組織或觸覺器官），就能依身根生起身識的作用。

又身根有二種：一種如此處所講，身根只緣取觸境；一種是因為眼、耳、鼻、舌四根都生在身根上，故身根也等於所有感覺器官的綜合體，但在了別境界作用時，又各不相同。身根不能代替其他四根的功能。

【本論】

云何色？謂眼之境，顯色、形色及表色等。

【釋論】

顯色有四種，謂青、黃、赤、白。形色，謂長、短等。

【今譯】

什麼是色？即眼根所緣的色境，包含顯色、形色、表色等。

顯色有四種，即青、黃、赤、白。形色，指長、短等。

【略解】

色境分三種：1.顯色，有四種：青、黃、赤、白，顯色是指明顯的顏色，有顏色的差別，為眼根緣取的對象，為眼識所緣所見。2.形色，是指物體形狀的差別，有長、短、方、圓、粗、細、高、下等多種，為意識所緣之境。3.表色，是指有情身體姿態上所表示出來的取、捨、屈、伸、行、住、坐、臥等，為意識所緣之境。

色境中的顯色，青、黃、赤、白四色，是有實體之色，為眼識所緣。但顯色中的影、光、明、暗等，是依顯色的差別而假立。形色是依顯色的積集差別，相對而假施設，所以是假色。表色是由顯色所表示，是色的業用差別，由此而知各種形狀姿勢，所以是假色。假色，只是意識所緣，不是眼識所緣。依佛法說，青、黃、赤、白四種顯色是有實體之色，就是根本的顏色，而據現代光學三原色的說法，白色不是根本色，只是所有顏色反射出來後的顏色而已。今仍依佛法舊說，如下表所示：

一色境

- 色境
  - 顯色
    - 青、黃、赤、白——實色——眼識所緣
    - 影、光、明、暗、雲、煙、塵、霧、空——顯色
  - 形色
    - 長、短、方、圓、粗、細、高、低——假色
  - 表色
    - 取、捨、屈、伸、行、住、坐、臥
  - （顯色、假色、表色）——意識所緣

【本論】

云何聲？謂耳之境，執受大種因聲、非執受大種因聲、俱大種因聲❽。

【釋論】

諸心、心法，是能執受；蠢動之類，是所執受。執受大種因聲者，如手相擊、語言等聲；非執受大種因聲者，如風林、駛水等聲；俱大種因聲者，如手擊鼓等聲。

【今譯】

什麼是聲？是耳根所緣之境，指由執受的大種（有情自身）為因所引發的聲音，或非執受大種（外界物質）為因所引發的聲音，或俱大種（有情與物質）共同為因所引發的聲音。

一切心識、心所，為能執受，有情蠢動的根身（身體）之類是所執受。執受大種因聲者，即從有情身體為因所發出之聲，如以手相擊聲、語言等聲；非執受大種因聲者，即從外物自然界為因所發出之聲，如風吹樹林聲、流水等聲；俱大種因聲者，指由內外之四大種（有情與外界物質）相依共同為因所發出之聲，如以手擊鼓等聲。

❽ 執受大種因聲：執受即是感覺，大種即是四大種，因聲即形成聲音之因。執受大種因聲，即由內四大種（有情身體）所發出之聲。
非執受大種因聲：由外四大種（非有情，即外界物質）所發出之聲。
俱大種因聲：又作執受非執受大種因聲，由內外四大種（有情、非有情）相依所發出之聲。

【略解】

聲境，是指耳根所緣對象的聲境。聲音的生起，有各種不同原因，可分為三種：

1.執受大種因聲：諸心王及心所，是能執受，有情蠢動的根身是所執受。執是指第八阿賴耶識執持萬法種子及攝持根身，能持令不壞；受是領納身根，令生起覺受或感受。執受大種因聲，就是由有感覺四大種所組合的根身（身體）為因所發之聲，如兩手相拍之聲，口說話之聲，此執受大種因聲，又稱內聲。

2.非執受大種因聲：指不是由人自體為因所發之聲，即無感覺的自然界所發之聲，如樹林中的風聲、流水之聲等，又稱外聲。

3.俱大種因聲：是執受大種因聲、非執受大種因聲的和合聲，如以手擊鼓聲、口吹笛聲等。

所以聲雖非大種構成，而也不離大種。

【本論】

云何香？謂鼻之境，好香、惡香、平等香。

【釋論】

好香者，謂與鼻合時，於蘊相續，有所順益；惡香者，謂與鼻合時，於蘊相續，有所違損；平等香者，謂與鼻合時，無所損益。

【今譯】

什麼是香？是指鼻根所緣對象的香境。分有好香、惡香、不好不惡的平等香。

好香在與鼻根相接觸時，對於有情五蘊組合相續的身心，是樂意緣取的，對健康有順益的。不好的惡香與鼻根相接觸時，對於有情五蘊組合相續的身心，是不樂意緣取的，對健康有違損的。平等香與鼻根相接觸時，是無所謂順益的或違損的。

【略解】

釋論中「蘊相續」一詞，意即指人，因為一個人生命的存在，是由五蘊積聚組成（身心的組合），而生命不是永久的，存在只是一段時間的相續。但人不了解，誤執為有一個實我，不知道是假合的。

好的香在與鼻子嗅覺接觸時，對人的身心，是喜愛緣取和接受的，因為對我們的健康，是順根益情的，感覺愉快，如旃檀之香。不好的惡香，對人的身心，是不喜愛緣取的，是損根違情的，感覺憎惡，如臭穢之味。平等香，即中庸性的香，鼻根緣取時，無所謂順益或違損，如磚石等無香。

【本論】

云何味？謂舌之境，甘、醋、鹹、辛、苦、淡。

【釋論】

等。

【今譯】

什麼是味？是指舌根所緣對象的味境，有甜味、酸味、鹹味、辛味、苦味、淡味等。

【略解】

淡味，即平等味，或稱俱相違味，意為沒有任何味道。等，意指舌根所緣味境時，有順心意的、不順心意的、順不順心意的（俱相違）三種。

【本論】

云何觸一分？謂身之境，除大種，謂滑性、澀性、重性、輕性、冷、飢、渴等。

【釋論】

滑謂細軟，澀謂粗強，重謂可稱，輕謂反是。暖欲為冷，觸是冷因，此即於因，立其果稱。如說諸佛出世樂，演說正法樂，眾僧和合樂，同修精進樂，精進勤苦，雖是樂因，即說為樂，此亦如是。欲食為飢，欲飲為渴，說亦如是。已說七種造觸，及前四大，十一種等。

【今譯】

什麼是觸一分？指除去四大種能造觸之外，只取身根所緣對象所造觸境的一部分，即滑性、澀性、重性、輕性、冷、飢、渴等。

滑是指細軟，澀指粗糙；重的可以稱量，反之最輕之物不可稱量。暖欲為冷者，即有觸力令欲暖，這是講冷的得名，因為有暖欲（想要溫暖的感覺），以觸為因，而冷是在果上立名。如舉例說：諸佛出世樂，演說正法樂，眾僧和合樂，同修精進樂；雖說在精進修行時很勤苦（好像是非樂），卻是產生樂的因，故即說為樂，以證明從因上而立果名。同樣的道理，欲食為飢，即觸力令欲食；欲飲為渴，即觸力令欲飲；都是由能令之觸而生。上面已說明七種所造觸，加上前說的四大種能觸，共成十一種。

【略解】

觸境是身根所緣的對象。觸一分者，是除去地、水、火、風四大種能造觸之外，只取所造觸的一分，即指滑、澀、重、輕、冷、飢、渴等。

滑、澀、重、輕四者，是從其本身性質立名；而冷、飢、渴三者，是由身體觸覺令欲（想要）暖、令欲食、令欲飲，三者都由能令之觸感而生。暖欲為冷者，是就冷的得名，因為想要溫暖，觸是冷的因，此即於因上立其果名，譬如接觸到風雪，所以會冷；雖有風雪，如未接觸，就無所謂冷；是以觸為因，而冷為果。這裡的冷不是指心理上一種感覺，是講引起冷的感覺的物質因素。

再舉經文為例說：「諸佛出世樂，演說正法樂，眾僧和合樂，同修精進樂。」這四種似非樂，甚至精進修行時，還要很勤苦的修習，但因為修行精進勤苦的因，能產生樂，故說為樂。諸佛的出現世間為因，生樂是果；演說佛陀的正法為因，生樂是果；僧眾的清淨和合為因，生樂是果；學佛人的精進修行為因，生樂是果。同樣的道理，欲食為飢，飢的得名，因為想要食，觸是飢的因，此即於因上立其果名。欲飲為渴，渴的得名，因為想要飲，觸是渴的因，同樣是於因上立其果名。這裡是特別強調立果為名的作用，如說精進修行，當下是勤苦的，但是精進修行將來一定會感受到樂的結果，可祛除煩惱得到解脫。

滑、澀、重、輕、冷、飢、渴七種所造觸，是我們身根所觸到一種非常微細的色法（物質），有一種滑性、澀性等的因素存在（不是心理的感覺）。加上前說的地、水、火、風四種，所以說觸有十一種。

【本論】

云何無表色等？謂有表業❾、三摩地❿所生，無見無對色等。

【釋論】

有表業者，謂身、語表，此通善、不善、無記性。所生色者，謂即從彼善、不善表所生之色，此不可顯示，故名無表。三摩地所生色者，謂四靜慮所生色等。此無表色是所造性，名善律儀、不善律儀等，亦名業，亦名種子⓫。

【今譯】

什麼是無表色？是從有表業及三摩地所生，是不可見不可對礙的色法。

有表業是指身表業和語表業，此業通善性、惡性、無記性。所生色者，指從身、語表業善、不善所生的色，是不可顯示出來的，故稱無表業。三摩地所生的色，是指四禪定所生的（無表）色等。無表色是所造性，稱為善律儀、不善律儀等，也稱為業，也可稱為種子。

【略解】

有表業分身表業和語表業。身表業由身所造作，語表業由口所造作，都通善、不善、無記三性，即有時發出來的是善性，有時發出來的是惡性，有時發出來的是無記性。但從身表業和語表業善、不善所生的色，都是屬於假有，而發動身業和語業的，實則是由於思心所的功能，是意的造作之相，因不可顯示出來，沒有形質，所以名為無表。

❾有表色（業）、無表色（業）：表現於外面的行為，如身業和語業，稱為有表色（業）；沒有表現於外的行為，而被視為物質性的存在，稱為無表色（業），是一種行為的影響力或餘勢，但不呈現出來，如四禪定所生的境界，為意根所對、意識所緣過去五境落謝的影子及自識所變，有可緣之色。無表色又名法處所攝色，即攝於法境中的色法。

❿三摩地：是梵語samādhi的音譯，又作三昧，定的異名，漢譯等持，是一種心理或精神的統一作用，注意力高度的集中到某對象上去，進入甚深的瞑想境地，能平等持心，即所謂禪定。

⓫種子：世間一切善惡的行為，過後不會消失的，或變成無有，而有一種餘勢或影響力留存下來，藏匿在第八阿賴耶識中，做為未來行為生起現行的原因，或影響未來的行為。這是以植物種子為喻，是構成植物存在的主要原因；阿賴耶識的種子，主要是由有情的行為所形成。

又三摩地所生的色，這種色是不可見的，也是無可對礙的，因為是意業所緣。三摩地譯為定，是指由初禪至四禪所生的色（定境）；在禪定心中，離去掉舉和昏沉等障，達到心一境性，是思心所功能的狀態，因不可顯示出來，沒有形質，而假說為色，所以稱為無表色。

這無表色，是有表業及三摩地所生，雖不可顯示，沒有形質，而是攝於所造色的一類，有形狀而不顯。所以講到無表業，要從有表業說起。業有二種，一是表現於外的，叫有表業，但這種業剎那過去了，產生一種力量，潛藏在心識裡，成為無表業。善是善律儀，如受戒者所得無表色的戒體，具有一股看不見的內在警覺力量，有防非止惡的功能，是一種善的行為，稱為善律儀。不善是不善律儀，即一般表現於身、語上不好的行為；等，是指無記的非律儀非不律儀。這些善、不善等律儀，也稱為業，業是造作義。善、不善等律儀，也稱為種子。業是就思心所功能現行而講，種子是就思心所功能不現行而講，都是依意業而假立名。

【釋論】

如是諸色，略為三種：一者可見有對，二者不可見有對，三者不可見無對。是中可見有對者，謂顯色等；不可見有對者，謂眼根等；不可見無對者，謂無表色等。

【今譯】

以上所說各種色法，可以概略分為三種：一是可見有對礙的，二是不可見有對礙的，三是不可見無對礙的。其中可見有對礙的，指顯色等；不可見有對礙的，指眼根等；不可見無對礙的，指無表色等。

【略解】

一切色法，可概略的分為三種：一是可見有對礙的，是指青、黄、赤、白的顯色，用眼識可以見到，有質礙可對的。二是不可見有對礙的，是指眼根等，即清淨透明的五淨色根，在五官內部，是眼識不能見到的，但有質礙可對。三是無見無對礙的，是既不可見到，也無質礙可對的，即是無表色等。

前五識，雖各自緣取不同境界，如眼見色、耳聞聲、鼻嗅香、舌嘗味、身感觸；但伴隨五識同時生起的還有第六明了意識，能令五識更清楚的取境，這稱為五俱意識。

所謂五俱意識，即當前五識生起作用時，第六識同時加以了別分析，如眼睛看到物件時，能清楚地知道是什麼，這是第六識在分別的結果。如果沒有第六識同時加以分別，眼識只可直接見到物，而不能分別是何物。

五俱意識表

1. 眼俱意識——意識與眼識同起，了解色境。
2. 耳俱意識——意識與耳識同起，了解聲境。
3. 鼻俱意識——意識與鼻識同起，了解香境。
4. 舌俱意識——意識與舌識同起，了解味境。
5. 身俱意識——意識與身識同起，了解觸境。

貳、受蘊

【本論】

云何受蘊❶？受有三種：謂樂受、苦受、不苦不樂受。樂受者，謂此滅時，有和合欲。苦受者，謂此生時，有乖離欲。不苦不樂受者，謂無二欲。

【釋論】

無二欲者，謂無和合及乖離欲。受，謂識之領納。

❶受蘊：受，是五遍行心所之一，因為受心所的功用很殊勝，特別提出來立為五蘊之一的受蘊。受是領納義，指六根在緣取六境時所產生的感覺或感受。受分三種：苦受、樂受、不苦不樂受。

【今譯】

什麼是受蘊？受有三種：樂受、苦受、不苦不樂受。樂受，在（領受順境）樂受滅去後，身心會有舒暢適意的感受。苦受，在苦受生起時，身心會生起不舒適、逆意的感受。不苦不樂受，不會有適意和逆意的二種感受。

無二欲者，指無和合欲及乖離欲二者。受，是六識領取納受外境所產生的感受。

【略解】

受是感受，對於所緣之境以領納為義。《成唯識論》卷三說：「受謂領納順、違、俱非境相為性，起愛為業，能起合、離、非二欲故。」意思是：受心所與八識都相應，以領納順境、逆境、順逆俱非的中庸境為其自性，能引起貪愛為其作用，希望生起樂受（追求合意的）、遠離苦受（欲遠離苦的）、非樂非苦的捨受。即緣取可意境時，稱為順益境；緣取不可意境時，稱為違損境；緣取非可意非不可意境時，稱為順違俱非境。

受在領納外境，有順境、逆境、俱非境三種，以起欲為業（作用）。欲是欲望或希求，領納順境，生起貪愛，追求獲得快樂感受，比較容易了解；若領納逆境，就有痛苦感受，為什麼也說是起貪愛呢？細究起來也有它的原因，因為在人們心裡有想要遠離或避開苦受，這種遠離和避開也是一種欲望。如人們說：「只要快樂不要痛苦。」這就包括如前說的和合欲和乖離欲。

唯識學中，由三受又可分為五受：苦、樂、憂、喜、捨，即從苦受中分出憂受，從樂受中分出喜受。順益境使身體舒適稱為樂，使心怡悅稱為喜；違損境逼迫於身稱為苦，逼迫於心稱為憂。三受或五受，又可合為身受和心受二種。

受的分類

參、想蘊

【本論】

云何想蘊❶？謂能增勝取諸境相。

【釋論】

增勝取者，謂勝力能取，如大力者，說名勝力。

【今譯】

什麼是想蘊？想心所有增強的勝用力，能緣取各種境相。

增勝取者，指想心所的功能特別殊勝，緣取外境時，有如大力之人，所以稱為勝力。

【略解】

想是對境取像的意思，即對外在的事物，產生認識的作用。《成唯識論》卷三說：「想謂於境取像為性，施設種種名言為業。謂要安立境分齊相，方能隨起種種名言。」意思是：想心所是在緣取境界時，以取其影像為本身性質，而安立種種名字和言詞為其作用。即先要分辨出對象的類別狀況，才能用種種名字和言詞來進行表達。例如，眼識緣取前面的桌子、椅子等，心中就先生起桌椅等境像的概念，想心所就可分別出來。如果心識沒有想心所相應於境取像的作用，就無法安立種種名字和言說。想心所接觸外境時，是於境取像，產生一種心相，即是想像或概念，但還未表達出來，這是想的自性；到表達出來，就稱為名言了，這是想的業用。

以上受蘊和想蘊，在本論中的解釋都非常簡略。受、想只是心所法的一種，是行蘊中的一分。在五蘊法中特立為受蘊和想蘊，約有以下的三個原因：

❶想蘊：想是五遍行心所之一，因為想心所的功用很殊勝，特別提出來立為五蘊之一的想蘊。想是指六根接觸到外境後所產生的想，對所緣境相（取境相狀）形成印象或概念等，而安立種種不同的名稱和言說。

1.諍根因：諍是有情產生煩惱的原因，在經論中講到諸欲和諸見時，是以受、想的活動力為基本動因。《大毘婆沙論》卷七十四說：「受能發起愛諍根本，想能發起見諍根本。」這是說，一切諸欲，都是以受為基本因的，一切諸見，都是以想為基本因的。受的特性，是領納客觀的境界而受納於主觀的心識中。領納對象合乎自己心意的，會感到愉快，而且在領受的境界上，會生起貪取心，希望能屬為己有。想的特性，是在於境取像時，產生認識作用。當主觀的心識去認識客觀的境界時，心識就攝取境相而現為心象，想像為這樣或那樣，構成種種概念。但想像和理解並不一定都正確，常是錯誤的，佛法稱為倒見。錯誤的見解，易引起見解上的爭執，或思想上的鬥爭。所以佛說五蘊法時，因為受心所和想心所，是促使眾生產生一切煩惱的基本動因，而特別提出立為蘊。

2.生死因：眾生沉淪在三有中不斷生死輪迴，是由於受到生命業果的影響，有果必有因，招致業果的動因，就是受、想二心所，由受、想所支配。凡夫眾生存在於現實的世間，耽著欲樂和顛倒妄想的二種因緣，所以長期在生死中輪迴不息，招感種種痛苦。佛陀為了使眾生脫離生死的纏縛，趣向涅槃解脫，所以特舉出受、想二心所，使令眾生了解生死痛苦的基本動因，而建立受、想二蘊。

3.次第因：佛說五蘊法的次第，是色、受、想、行、識，為組成有情生命的要素。將生理機能的物質，總合起來說為一色蘊，而把心理的要素，分為後四蘊。受蘊和想蘊在五蘊中居第二、第三，而後是行蘊和識蘊。這樣排列的次第，是依據四個理由：⑴從五蘊的粗細次第。⑵從五蘊的染污次第。⑶從例舉譬喻「色如聚沫，受如水泡，想如陽炎，行如芭蕉，識如幻境」，顯示五蘊的次第。⑷從三界九地中亦可顯示五蘊的次第。

肆、行蘊

一、心相應行法

【本論】

云何行蘊？謂除受、想諸餘心法及心不相應行。

【今譯】

什麼是行蘊？指除了受心所和想心所外，其餘所有的心所法，及心不相應行法，都屬於行蘊所攝。

【略解】

行是造作之義，有無常遷流的意味，蘊是積聚之義，在所有心所中以思心所為主，能令心造作。因為受、想二心所的功能特別殊勝，被立為受蘊和想蘊外，其餘四十九個心所，都攝於行蘊之內，另外還包括二十四個心不相應行法（本論立有十四個），也攝在行蘊之內。

【本論】

云何餘心法？謂與心相應諸行。

【今譯】

什麼是餘心法？指與心識相應的心所法。

【略解】

所謂餘心所，即除了受、想二心所以外，其餘四十九個心所，都是分別與心王八識各自相應的。相應有三義；1.恆依心起：心所常依心識（心王）俱起，心所不能單獨生起，必依於心王的勢力才得生起。2.與心相應：心所依心王生起，是與心王和諧如一，同時緣取一境，稱為相應。3.繫屬於心：以心王為主，心所是繫屬於心王的，任何一個心王生起時，都有與它相應的心所同時生起。

【本論】

觸、作意、思。欲、勝解、念、三摩地、慧。信、慚、愧、無貪、無瞋、無癡、精進、輕安、不放逸、捨、不害。貪、瞋、慢、無明、見、疑。忿、恨、覆、惱、嫉、慳、誑、諂、驕、害。無慚、無愧。昏沉、掉舉、不信、懈怠、放逸、失念、散亂、不正知。惡作、睡眠、尋、伺。

【今譯】

（與心識相應的四十九個心所）觸、作意、思。欲、勝解、念、三摩地、慧。信、慚、愧、無貪、無瞋、無癡、精進、輕安、不放逸、捨、不害。貪、瞋、慢、無明、見、疑。忿、恨、覆、惱、嫉、慳、誑、諂、驕、害。無慚、無愧。昏沉、掉舉、不信、懈怠、放逸、失念、散亂、不正知。惡作、睡眠、尋、伺。

【略解】

上列四十九個心相應行法（心所法）的名相，總略分為下列六位（六類）：

1. 遍行心所五：觸、作意、思（遍行心所原為五種，本論因受、想已別立為蘊除外）。

2.別境心所五：欲、勝解、念、定（三摩地）、慧。

3.善心所十一：信、慚、愧、無貪、無瞋、無癡、精進、輕安、不放逸、捨、不害。

4.煩惱心所六：貪、瞋、慢、無明、見、疑。

5.隨煩惱心所二十：其中又分小隨煩惱十：忿、恨、覆、惱、嫉、慳、誑、諂、驕、害。中隨煩惱二：無慚、無愧。大隨煩惱八：昏沉、掉舉、不信、懈怠、放逸、失念、散亂、不正知。

6.不定心所四：惡作、睡眠、尋、伺。

六位五十一個心所法

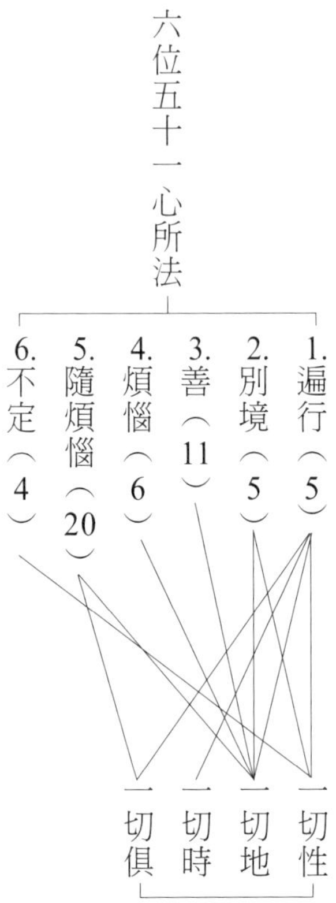

【本論】

是諸心法，五是遍行。

【釋論】

此遍一切善、不善、無記心，故名遍行。

【今譯】

在一切心所法中，（第一位）是五遍行心所。

此五遍行心所，遍通一切善性、不善性、無記性，所以稱為遍行心所。

【略解】

所有的心所法，第一類是五遍行心所，即觸、作意、受、想、思。遍是周遍、無所不至，行是能緣的心行，遊於所緣之境。因為這五種遍行心所：1.通於「一切俱」，即一切心識，八識心王生起時，此五遍行心所，相應同時生起。2.通於「一切性」，即一切善性、不善性、無記性三種。3.通於「一切時」，即遍通過去、現在、未來三時。4.通於「一切地」，即三界九地。觸、作意、受、想、思五遍行心所，具有四種一切，故稱為遍行心所。

《成唯識論》卷五說：「識起必有三和，彼定生觸，必由觸有；若無觸者，心、心所法應不和合觸一境故。作意引心令趣自境，此若無者，心應無故。受能領納順、違、中境，令心等起歡、戚、捨相，無心起時，無隨一故。想能安立自境分齊，若心起時無此想者，應不能取境分齊相。思令心取正因等相，造作善等，無心起位，無此隨一，故必有思。由此證知，觸等五法，心起必有，故是遍行。」意思是：心識的生起，必定有根、境、識三者和合，三者和合必定產生觸心所，而三者和合也必定依賴觸心所；如無觸心所，心識和心所應不能和合在一起去接觸某一對象。作意心所將心識引向自己的認識對象，作意心所如沒有，心識應該不能生起。受心所能感受順境、逆境、中性境，使心識和心所產生歡樂、悲戚、不悲不樂等差別，心識不生起時，就不會有三受中任何一受。想心所能確定自己認識對象的類別，若心識生起沒有想心所，就不能緣取境界的差別狀況。思心所能令心識認識執取正因、邪因等情形，造作善、惡業等，心識不生起時，就不會出現有其中任何一種業，所以必定有思心所。由此證明知道，心識生起時必有觸等五心所存在，所以是遍行心所。

【本論】

五是別境。

【釋論】

此五一一於差別境展轉決定，性不相離，是中有一，必有一切。

【今譯】

（第二位）是五別境心所。

此五別境心所，一一在緣取境界時，是各有特定條件差別的不同，並且能展轉互相資助，而不相離，其中有一個，必有其餘一切。

【略解】

第二類是五別境心所，即欲、勝解、念、定、慧。這五種心所，在緣取所緣之境時，都各別不同。因各別緣境不同，即需具有特別的外境，別境心所才會生起。欲心所所緣的為所樂境，勝解心所所緣的為決定境，念心所所緣的為曾所習境，但定、慧二心所所緣的都為所觀境，定心所緣所觀境專注不散，慧心所緣所觀境揀擇決定。此五別境心所為能緣，所樂等四境為所緣，各有特定的條件，差別而生起，並且展轉互相資助，如欲心所緣境增勝，其餘四心所同時微細相資，而不相離，故說是中有一必有一切。又此五別境心所，四種一切中具一切性及一切地。

《成唯識論》卷五中，有關五別境心所能否共同生起，分有二種觀點：「有義：此五定互相資，隨一起時，必有餘四。有義：不定。《瑜伽師地論》說：『此四一切中，無後二故。』又說：『此五緣四境生，所緣、能緣，非定俱故。應說此五，或時起一……或時起二……或時起五。』」意思是：有說：這五種別境心所必定能互相資助，任何一心所生起時，必有其他四種共同生起。有說：這五種別境心所不一定共同生起，因為《瑜伽師地論》說：「這五種別境心所緣取的所樂境、決定境、曾所習境、所觀境因對象而生起，所取的對象和能緣取的心，並非必定能同時生起。應說這五種別境心所，有時生起一種……有時生起二種……有時生起五種。」

【本論】

十一為善；六為煩惱；餘是隨煩惱；四為不定。

【釋論】

此不定四，非正、隨煩惱，以通善及無記性故。觸等體性及業❶，應當解釋。

【今譯】

（第三位）是十一善心所，（第四位）是六根本煩惱，其餘（第五位）是二十隨煩惱，（第六位）是四不定心所。

此四不定心所，非正煩惱（不是根本煩惱），也不是隨煩惱，這四個不一定是煩惱，因為通善性及無記性、只有一分通染污不善性，非全屬染污性，故說為非正、隨煩惱。觸等四十九個心所的體性及業用，以下當作解釋。

【略解】

第三類是十一善心所，它們的作用是離穢、除污染。善與惡相對，一切符合佛法

❶性及業：性，是體性、自性、本性、特性等；業，是業用、作用、功能等。唯識五十一個心所法，每一個心所都各有它的體性和業用。例如五遍行中的觸心所，《成唯識論》卷三說：「觸謂三和，分別變異，令心、心所觸境為性，受、想、思等所依為業。」意謂觸由根、境、識三者和合而生起，具有分別及變異的功能，可使心、心所同緣一境為其體性，而成為受、想、思的所依為其業用。

義理的思想和行為，與自他有益的事，都被稱為善。這十一種善心所，包括世、出世間一切善法，能聚集一切功德，遠離一切罪惡。第四類是六根本煩惱心所，是產生一切煩惱的根源。第五類是二十隨煩惱心所，是隨根本煩惱而衍生的煩惱。第六類是四不定心所，因為在善、惡、無記三性中都不能確定，在三界中也不確定。此四不定心所，通善性及無記性、只有一分通染污不善性，非全屬染污性。

（一）遍行心所

【本論】

云何觸？謂三和合，分別為性。

【釋論】

三和，謂眼、色、識如是等，此諸和合，心、心法生，故名為觸。與受所依為業。

【今譯】

什麼是觸？觸是由根、境、識三者和合，有能生起心、心所的功能（認識對象），是為觸的自性。

三和，是指眼根、色境、眼識三者和合；此根、境、識三者和合，心識及心所就能生起，這就稱為觸。觸的活動成為受等心所的所依，是其作用。

【略解】

觸是由根、境、識三者和合而生起，三者接觸交涉，能順生一切心、心所的勢用，是其自性。三者和合，是指眼根緣取色境而生起眼識；耳、鼻、舌、身等的根、境、識，也是同樣的情況，三者和合，可使心、心所生起同緣一境。三和為生觸之因，所生之果為觸。三者和合生觸，若少了其中一個，觸就不能生起。與受所依為業者，因為觸能生受、想、思等心所活動，所以觸成為此等心所的所依，是其作用。

《成唯識論》卷三說：「觸謂三和，分別變異，令心、心所觸境為性，受、想、思等所依為業。謂根、境、識更相隨順，故名三和。」意思是：指觸的三和狀態，具有分別和變異的功能，可令心、心所接觸認識對象為其本性，觸並為受、想、思心所及其他心所的所依，是為作用。即根、境、識三者之間完全適從隨順，所以稱為三和。如根與境生起時，識必同時生起，根為識的所依，境為識的所取，識則依根而能取境，此三者互相交涉，都有隨順生起其他心所的功能，這稱為變異；此時觸心所也承繼了三者的功能，這稱為分別，即是觸的自性。

又《成唯識論》卷五說：「眼、色為緣生於眼識，三和合觸，與觸俱生有受、想、思。」意思是：以眼根和色塵為條件，產生眼識，根、境、識三者和合產生觸，與觸同時生起的有受、想、思等心所。

觸不僅有由根、境、識三和順生一切心所的勢用，更能和合心及諸心所法，不相離散，而能令心及諸心所法，同緣取一境。窺基《成唯識論述記》說：「設無觸者，其心、心所，各各離散，不能同緣，今不散時，皆觸功力。」意為一切心、心所，各有自性，各為獨立之體，必有一觸心所以和合其間，就沒有離散之失，可知觸心所的重要，猶如眾軍中必有聯絡員一樣。

經論中常舉比喻說，如三蘆互相依持而立，若抽去其中一支，其餘二支亦不立；觸心所在根、境、識三者和合中才能產生作用，如缺少其一就不能生起。

三和生觸——根境識的組合

根　境

識→受→想→思→愛、非愛等心理生起

【本論】

云何作意？謂令心發悟為性。

【釋論】

令心、心法現前警動，是憶念義，任持攀緣心為業。

【今譯】

什麼是作意？可令心引發警覺，策動心去緣取所緣境，是其自性。

作意能使心在現前生起警覺，是憶念之義，能保持心緣取所緣境，是其作用。

【略解】

作意即是注意，引動心意，令生警覺。《成唯識論》卷三說：「作意謂能警心為性，於所緣境引心為業。謂此警覺應起心種，引令趣境，故名作意。」意思是：作意能使心生起警覺，為其自性，將心引導至所要認識的對象上，為其作用。即作意能促使應生起的心種子，因而生起警覺，也能將已生之心引導至對象上，所以稱為作意。也就是說，警心含有二義：一是令心未生起而生起，二是心已生起時令引導趣境。

【本論】

云何思？謂於功德、過失及以俱非，令心造作意業為性。

【釋論】

此性若有，識攀緣用即現在前，猶如磁石引鐵令動，能推善、不善、無記心為業。

【今譯】

什麼是思？對於功德、過失、非功德非過失的思考，能令心造作種種意業為其自性。

有此思心所，心識就能生起現前緣境，這猶如磁石吸引鐵一樣，能推動心識去造作善、不善、無記業為其作用。

【略解】

思即思考、造作等意，即意志作用。思是身、口、意三業中的意業。思有審慮思、決定思、動發勝思三個階段，心識的生起，由作意而至於思，善惡之念就已經形成而不能中止。思心所在行蘊中是所有心所力量最強的一個，是內心的行為，能推動心與其他心所造業，所以它是能令心造作意業為性。

《成唯識論》卷三說：「思謂令心造作為性，於善品等役心為業。謂能取境正因等相，驅役自心，令造善等。」意思是：思心所是使心有所造作為其本性，能在善、惡、無記狀態中，使心活動為其作用。即能認取對象的正、邪、非正非邪等狀況為因，驅使自心造作善業、惡業、無記業。

（二）別境心所

【本論】

云何欲？謂於可愛樂事，希望為性。

【釋論】

愛樂事者，所謂可愛見聞等事，是願樂希求之義，能與精進所依為業。

【今譯】

什麼是欲？即對於可意喜愛的事，生起希望為其自性。愛樂的事，是對於可愛的見聞覺知等事，懷有好樂希求得到之心，能促使生起精進心（努力），是其作用。

【略解】

欲心所所緣的所樂境，即自己所喜歡的外境，生起欲望，希求能獲得，非所愛境希望能遠離。能與精進所依為業者，依於欲望，所以欲心所成為精進的所依。此精進在這裡是指善欲、不善欲等。但一般欲心所是通三性的，而精進唯是善心所。

《成唯識論》卷五說：「云何為欲？於所樂境希望為性，勤依為業。」意思是：欲心所對於所喜愛的外境，懷有希望之心為其自性，依於欲而生起精勤，為其作用。

【本論】

云何勝解？謂於決定境，如所了知，印可為性。

【釋論】

決定境者，謂於五蘊等，如日親說：「色如聚沫，受如水泡，想如陽炎，行如芭蕉，識如幻境。」如是決定。或如諸法所住自相，謂即如是而生決定。言決定者，即印持義，餘無引轉為業。此增勝故，餘所不能引。

【今譯】

什麼是勝解？對於所緣的決定境，能清楚的了知，無有猶豫，就稱為決定境，而後做出決定印可為其自性。

決定境者，指對於五蘊、十二處、十八界等，有殊勝的了解，而做出決定印可。如日親曾說：「色如不實的聚沫，受如非堅固的水泡，想如似水非水的陽炎，行如不淨的芭蕉，識如幻化境界的非我。」都能做出決定性判斷。或對於諸法所安住的自相，而做出決定。既經決定，即印可保持不受其他因素引導而改變，因此增強勝解力，為其作用。

【略解】

勝解心所指對於接觸的外境，起殊勝的理解，做出決定判斷，如日親（指佛陀，傳說佛陀屬於日族的系統，所以稱為日親，即日族的親族）在《雜阿含經》裡有說到對五蘊法不實的譬喻，因勝解而做出判斷，毫不猶豫。《成唯識論》卷五說：「云何勝解？於決定境，印持為性，不可引轉為業。」意思是：什麼是勝解心所？對於決定的對象，加以印可堅持，是其本性；不會受到其他因素引導而改變想法，是其作用。

【本論】

云何念？謂於慣習事，心不忘失，明記為性。

【釋論】

慣習事者，謂曾所習行，與不散亂所依為業。

【今譯】

什麼是念？對於所曾慣習的事情，心中憶念而不忘失，明記為其自性。

慣習事者，對於過去所曾經歷習慣的事情，因能憶念不忘，成為不散亂心所的所依，是其作用。

【略解】

曾習境，是感官曾經接觸過的境界，或曾思惟的義理，都是曾習境。念為定心所（不散亂）的所依，是其作用。所以在修定時，必須專注一境，有了正念，才能入定。《成唯識論》卷五說：「云何為念？於曾習境，令心明記不忘為性，定依為業。」意思是：對於已經熟悉習慣的事情，心中清楚地記憶不忘，是念的自性。因此，念成為定心所的所依，是其業用。

【本論】

云何三摩地？謂於所觀事，心一境性。

【釋論】

所觀事者，謂五蘊等及無常、苦、空、無我等。心一境者，是專注義，與智所依為業，由心定故，如實了知。

【今譯】

什麼是三摩地（正定）？對於所觀的事，令心專注於一境，為其自性。所觀之事，即所觀之境，為五蘊等法，及無常、苦、空、無我等義。心一境者，一心專注於所緣境，依之生起智慧，是定的作用，由於心專注禪定，就可獲得如實的了知。

【略解】

三摩地譯為等持，平等持心義，亦譯為正定。令心專注於一境，心力增強凝聚，不隨所緣流散，離昏沉和掉舉；修習正定，可獲得智慧。修定成就，明智或智慧才會生起。不修定的人，難有真智慧。

《成唯識論》卷五說：「云何為定？於所觀境，令心專注不散為性，智依為業。謂觀德、失、俱非境中，由定令心專注不散，依斯便有決擇智生。」意思是：定心所於所觀境，使心能專注而不散亂，是定的本性；智慧依之而生起，是定的作用。在所觀察的功德、過失、非功德非過失之境時，由於心專注不散亂，就會有抉擇的智慧生起。

【本論】

云何慧？謂即於彼，擇法為性，或如理所引、或不如理所引、或俱非所引。

【釋論】

即於彼者，謂所觀事。擇法者，謂於諸法自相、共相，由慧揀擇，得決定故。如理所引者，謂佛弟子；不如理所引者，謂諸外道；俱非所引者，謂餘眾生。斷疑為業；慧能揀擇，於諸法中，得決定故。

【今譯】

什麼是慧？對於所觀的事，能以智慧抉擇為其自性，或如理的、或不如理的、或俱非的。

即於彼者，指以慧所觀的事。擇法者，對於一切法的自相和共相（個別性與共通性），經由智慧揀擇正邪等，得到決定。揀擇順於道理的，可稱為佛弟子；不順於道理的，即各種外道；順於道理或又不順於道理（俱非）的，是指世間其餘的眾生。慧能斷除疑惑為其作用；慧能揀擇正邪，在一切法中，能起決定性的作用。

【略解】

慧心所是具有進行推理和判斷等思維的心所，能斷除疑惑。慧以擇法為性，即抉擇判斷事理的智慧，這種智慧，一定是依正念而得正定，依正定而得正慧，三者有密切的關係。《成唯識論》卷五說：「云何為慧？於所觀境，揀擇為性，斷疑為業。謂觀德、失、俱非境中，由慧推求，得決定故。於非觀境、愚昧心中，無揀擇故。」意思是：慧心所對所觀境進行判別揀擇，是慧的本性；能斷除疑惑，是慧的作用。即在觀察功德、過失、俱非的狀況時，由慧心所進行推斷尋求，得到決定。而不在觀察時，或在愚昧時，心中就沒有揀擇的智慧。

（三）善心所

【本論】

云何信？謂於業、果、諸諦、寶等，深正符順，心淨為性。

【釋論】

於業者，謂福、非福、不動業。於果者，謂須陀洹、斯陀含、阿那含、阿羅漢果。於諦者，謂苦、集、滅、道諦。於寶者，謂佛、法、僧寶。於如是業、果等，極相符順，亦名清淨及希求義，與欲所依為業。

【今譯】

什麼是信？對於業、果、四聖諦、三寶等，有深切正確的理解，符合順從不相違背，以內心清淨為其自性。

對業來講，指福業、非福業、不動業。對果來講，指須陀洹果、斯陀含果、阿那含果、阿羅漢果。對諦來講，指苦、集、滅、道四聖諦。對寶來講，指佛、法、僧三寶。對以上業、果、四聖諦、三寶等，都非常符合順從，亦可稱為清淨，成為欲心所生起的所依，及希求行善事為其作用。

【略解】

對於業、果、諦、寶等，簡略解釋如下：業是指福業、非福業、不動業。做福業會招感欲界人天的果報；做非福業會招感三途的果報；修習世間的禪定會感生色界、無色界的果報，因有禪定力，心不動搖，故稱為不動業。果是道果或聖果，指見道後所證悟的四聖果位：一是須陀洹果，義為入流，即預入聖道之流，是為初果。二是斯陀含果，義為一來，即一次往來人天，得盡眾苦，是為二果。三是阿那含果，義為不來或不還，唯僅留現世一生，以後不再生還欲界，是為三果。四是阿羅漢果，義為不生、破賊、應供等，即已破除一切煩惱賊，應受人天供養，後世不再受生死果報，是為四果。諦指苦、集、滅、道四聖諦。其中苦、集二諦為世間因果，集諦為因，苦諦為果；滅、道二諦為出世間因果，道諦為因，滅諦為果。即有情世間的痛苦，是因煩惱集起的；要徹底消滅痛苦，唯有修行聖道。略說即：知苦、斷集、證滅、修道。寶指佛、法、僧三寶；佛是已覺悟的最高聖者，法是佛說的教理，僧是信奉佛法的僧團，佛、法、僧可尊可貴，故稱為寶。

信心所列為眾善心所之首，不僅需要具備深刻而虔誠的信仰，它的特性是自性清淨，同時能令其他心與心所也可以得清淨，樂行一切善事。

《成唯識論》卷六說：「云何為信？於實、德、能，深忍樂欲，心淨為性，對治不信，樂善為業。」意思是：信心所即對於真實道理、清淨功德、能成聖道，深信不疑，樂於求證，令心清淨，是其本性；可對治不信，樂行一切善業，是其業用。

【本論】

云何慚？謂自增上及法增上，於所作罪，羞恥為性。

【釋論】

罪謂過失，智者所厭患故。羞恥者，謂不作眾罪，防息惡行所依為業。

【今譯】

什麼是慚？即依自己的力量及教法的力量，努力行善。對於自己所做的罪行，深切的感到羞恥為其自性。

罪，指自己犯了過失，因會受到智者所厭惡和譴責。有羞恥心的人，即不敢造作眾罪，依此慚心所可以防止或息滅惡行，為其作用。

【略解】

慚心所，對自己做錯的事，感到羞恥，謹慎不再重犯。自增上，是自愛和自重，增進向上，依靠自己的力量，多做善行。法增上，是依靠教法的力量，促使生起善行，努力向上。

《成唯識論》卷六說：「云何為慚？依自法力，崇重賢善為性，對治無慚，止息惡行為業。」意思是：慚心所是依靠自己和教法的力量，崇敬賢者，尊重善法，是慚心所的性質；能對治無慚，可以防止及息滅惡行，是其作用。

【本論】

云何愧？謂他增上，於所作罪，羞恥為性。

【釋論】

他增上者，謂怖畏責罰及議論等，所有罪失，羞恥於他，業如慚說。

【今譯】

什麼是愧？即他增上，指由於在他人面前害怕受到責備和議論，而感到羞恥，是愧的自性。

他增上，即因畏懼他人的責罰和議論，自己所犯的罪業和過失，有愧於他人，作用如慚心所說。

【略解】

愧心所，即對自己做錯的事，在他人面前感到羞恥，害怕受到輿論和責罰，不再重犯。他增上是依靠世間道德、法律、輿論等各種力量，可制約自己。《成唯識論》卷六說：「云何為愧？依世間力，輕拒暴惡為性，對治無愧，止息惡行為業。」意思是：愧心所，是依靠世間的道德、法律、輿論等各種力量，鄙視凶暴、排斥惡行之人，是其自性；對治無愧，止息惡行，是其作用。

慚與愧二善心所，唯識學認為應有各自的特性或主體，區別在於：慚是依靠自己的力量或善法的力量來提昇自己，從而能崇敬賢聖，尊重善法；愧是依靠世間道德、法律等的力量來約束自己，而不被人鄙視，排斥惡行。

【本論】

云何無貪？謂貪對治，令深厭患，無著為性。

【釋論】

謂於諸有及有資具❷，染著為貪。彼之對治，說為無貪，此即於有及有資具，無染著義。遍知生死諸過失故，名為厭患，惡行不起所依為業。

【今譯】

什麼是無貪？指可對治貪，能令人深切的厭患貪欲，以不染著為其自性。

諸有，指三有之果（三有即欲有、色有、無色有）；有資具，指造成生於三有的原因，即是煩惱，是由於有貪愛染著。為了對治貪，而說無貪。如對於三有及有資具，不再生起染著，是為無貪義。因為深切了知生死的種種過失，名為厭患義，依於無貪，不會再生起惡行，是其作用。

❷諸有、有資具：諸有，指三有，即欲有、色有、無色有，是有情生命存在之處。有資具，指造成生於三有的原因或條件，即是惑與業。

【略解】

無貪心所，不是單指無貪心之義，而是指對治貪心，使貪心不生起，能夠對三界生死、名利等有深切的厭離心。諸有指三有，即欲有、色有、無色有（即三界），是一切有情生存之處。有資具，指眾生生於三有之中的業因，因有貪的染著，就產生三有之果。此有與十二因緣中的有同義，代表有業；眾生有業果，由於有煩惱之因而形成。無貪是對眾生生在三有之處及其業因，祛除染著心，不再造惡業，唯做善業，可斷除生死相續，不會再有生死輪迴了。

眾生因為貪愛染著，故生於三界。欲界眾生溺於食、色等欲，色界眾生仍不離世間物質，無色界眾生仍不離微細精神思慮，所以三界是泛指世間一切有。無貪是對有及有資具不執著，而對治貪著。

《成唯識論》卷六說：「云何無貪？於有、有具，無著為性，對治貪著，作善為業。」意思是：無貪心所，對於三界內一切生存的處所及業因，不起執著為其本性；可對治貪的執著，以行善業為其作用。

【本論】

云何無瞋？謂瞋對治，以慈為性。

【釋論】

謂於眾生，不損害義，業如無貪說。

【今譯】

什麼是無瞋？可對治瞋恚，以慈心為其本性。對於眾生，以不造成損害為義，作用如無貪說。

【略解】

無瞋心所，對眾生以慈心為懷，雖有時遭遇拂逆，也不失柔和，更不會加以傷害。《成唯識論》卷六說：「云何無瞋？於苦、苦具，無恚為性，對治瞋恚，作善為業。」意思是：對於苦苦、壞苦、行苦及造成三苦的原因，皆不懷瞋恨為其本性；可對治瞋恚，以行善為其作用。

【本論】

云何無癡？謂癡對治，如實正行為性。

【釋論】

如實者，略謂四聖諦，廣謂十二緣起。於彼加行，是正知義，業亦如無貪說。

【今譯】

什麼是無癡？指可對治愚癡，能如實生起正行為其自性。

如實者，概略的說，能了知四聖諦，廣義的說，能了知十二緣起之理。並且能依四諦緣起等法，努力勤加修習，破除愚癡，即是正知義，作用如無貪心所說。

【略解】

無癡心所，意謂具有智慧，通達一切事理，破除愚癡。《成唯識論》卷六說：「云何無癡？於諸理、事明解為性；對治愚癡，作善為業。」意思是：無癡心所，是對於一切理（四聖諦、十二因緣等道理）、事能明確的理解，為其本性；可對治愚癡，以行善業為其作用。

以上無貪、無瞋、無癡，稱為三善根，是能生起善法的根本，對治貪、瞋、癡三毒。建立三善根的理由有二：第一能對治貪、瞋、癡三毒，第二能出生殊勝善法的功能。所以無貪、無瞋、無癡三善根具體的表現，即是厭患生死不生貪著，對眾生懷有慈心不生瞋恚，具有智慧能正確地了知一切法。

【本論】

云何精進？謂懈怠對治，善品現前，勤勇為性。

【釋論】

謂若被甲、若加行、若無怯弱、若不退轉、若無喜足，是如此義，圓滿成就善法為業。

【今譯】

什麼是精進？能對治懈怠，現前能出生善品諸法，以勤勇為其自性。

精進，分被甲精進、加行精進、無怯弱精進、不退轉精進、無喜足精進，精進有以上五種之義，能圓滿成就善法，為其作用。

【略解】

精進，是不懈的努力修學佛法。精進可分為五種：1.被甲精進，亦稱有勢精進，在最初發起決心修行時，就像勇士被甲護身上陣一樣，勇猛無畏，有大勢力。2.加行精進，下定決心後，勤加修行。3.無怯弱精進，能奮勇直前，毫無怯弱。4.不退轉精進，為了修行善法，能忍受寒、熱等苦，永不退轉。5.無喜足精進，不以少得而欣喜滿足，直至達到成功為止。具備上列五種精進，一切善法都能圓滿成就。佛法中的精進，包括兩方面，一是精進修善，一是精進斷惡。

《成唯識論》卷六說：「勤謂精進，於善惡品修、斷事中，勇悍為性，對治懈怠，滿善為業。」意思是：勤勉即是精進，對於修善斷惡之事中，勇猛堅定為其自性；對治懈怠，圓滿善行為其作用。

【本論】

云何輕安？謂粗重對治，身心調暢，堪能為性。

【釋論】

謂能棄捨十不善行，除障為業。由此力故，除一切障，轉捨粗重。

【今譯】

什麼是輕安？能對治粗重，在修習禪定中身心達到輕適安穩的狀態，具有堪任的能力為其自性。

修習禪定得到輕安後，能棄捨十種不善行，去除煩惱障及所知障等，為其作用。由於輕安的定力，能解除一切障礙，轉化身心捨棄粗重的狀態，能夠擔任精進修行向前的能力。

【略解】

輕安的體性是遠離粗重，身體調暢，內心清明。粗重是一種身心沉重的感受，昏沉欲睡，心情一直往下沉，成為無精打采的狀態，障礙定心。在修習禪定中，能獲得輕適安穩的精神狀態，稱為輕安。輕安能祛除一切染污法，並能進修一切善法。

《成唯識論》卷六說：「安謂輕安，遠離粗重，調暢身心，堪任為性；對治昏沉，轉依為業。謂此伏除能障定法，令所依止轉安適故。」意思是：安即輕安，以遠離粗重的感覺狀態，使身心調柔舒暢，堪任修學，為其自性；對治昏沉，轉捨粗重情況，而成輕柔安穩的狀態，是其作用。這種輕安狀態能制伏或斷除障礙禪定的因素，使所依止的身心變得安穩舒適。

【本論】

云何不放逸？謂放逸對治，依止無貪乃至精進，捨諸不善，修彼對治諸善法故。

【釋論】

謂貪、瞋、癡及以懈怠，名為放逸。對治彼故，是不放逸。謂依無貪、無瞋、無癡、精進四法，對治不善法。修習善法故，世、出世間正行所依為業。

【今譯】

什麼是不放逸？對治放逸，是依止無貪、無瞋、無癡，乃至精進，能捨棄種種不善法，相對的進而能修習種種善法。

貪欲、瞋恚、愚癡及懈怠，這些被稱為放逸。能對治貪欲等，這就稱為不放逸；依止無貪、無瞋、無癡、精進四法，可對治不善法。因依修習諸善法的緣故，能成就世間和出世間的正行，是其作用。

【略解】

不放逸，是依止精進、無貪、無瞋、無癡四法，能斷惡修善。《成唯識論》卷六說：「不放逸者，精進三根，於所斷修、防修為性；對治放逸，成滿一切世、出世間善事為業。」意思是：不放逸心所，依靠精進及無貪、無瞋、無癡三善根，對於應斷的罪惡，能加以防止不再生起；對於應修的善法進行修習，這是不放逸的性質；對治放逸，能成就世間和出世間的善事，這是不放逸的作用。

【本論】

云何捨❸？謂依如是無貪、無瞋乃至精進，獲得心平等性、心正直性、心無功用性。又復由此，離諸雜染法，安住清淨法。

【釋論】

謂依無貪、無瞋、精進性故，或時遠離昏沉、掉舉諸過失故，初得心平等；或時任運無勉勵故，次得心正直；或時遠離諸雜染故，最後獲得心無功用。業如不放逸說。

【今譯】

什麼是捨（行捨）？這是指依於無貪、無瞋、無癡、精進四法，能使心獲得心平等性、心正直性、心任運自然性（無心而得成）。又由於不放逸，能遠離一切雜染法，安住於清淨法。

即依於無貪、無瞋、無癡、精進四法的緣故，或有時能遠離昏沉和掉舉的各種過失，初步能獲得心平等性；或有時能任運自然，無需加功用行，其次能獲得心正直性；或有時心能遠離一切雜染法，最後能獲得心無功用性。行捨的作用如不放逸說。

【略解】

屬於行蘊中的行捨心所，可分三個階段：第一階段令心平等，遠離昏沉和掉舉等障礙，安住在寂靜狀態，不高不下，很少起伏。第二階段令心正直，心不歪曲。有時要勉勵努力一些，有時能達到任運自然，不用勉勵。第三階段令心無功用行，因能遠離一切雜染法，不需加功用行發動心念，心無造作，能任運自然。《成唯識論》卷六說：「云何行捨？精進、三根，令心平等、正直、無功用住為性，對治掉舉，靜住為業。」意思是：什麼是行捨？即依精進和三善根，能使心平等、正直、任運自然地安住，是其本性。能對治掉舉，寂靜安住，是其業用。

❸捨：十一善心所之一，指遠離昏沉和掉舉，無有愛憎之心，達到平等安靜的境地。捨又分受蘊之中的捨及行蘊之中的捨。受蘊之中的捨，是三受之一的捨受，有造作性。行蘊之中的捨，唯識論常稱為行捨。行捨是行蘊裡不緩不躁、不苦不樂的中庸性捨受，無造作性。

【本論】

云何不害？謂害對治，以悲為性。

【釋論】

謂由悲故，不害群生，是無瞋分，不損惱為業。

【今譯】

什麼是不害？能對治害，以悲憫心為其自性。由於悲憫同情心的關係，而不去傷害一切眾生，是在無瞋分位上假立此不害心所，以不損惱眾生為其作用。

【略解】

不害是不損惱他人，有仁慈悲憫之心。《成唯識論》卷六說：「云何不害？於諸有情，不為損惱，無瞋為性；能對治害，悲愍為業。」意思是：不害心所，是不傷害和擾惱有情眾生，無瞋為其本性；能對治害，以悲憫心為其作用。但一般講法，無瞋與不害是有所區別的，無瞋是給予眾生快樂，意近於慈；不害能解除眾生痛苦，意近於悲。

（四）根本煩惱心所❹

【本論】

云何貪？謂於五取蘊❺，染愛耽著為性。

【釋論】

謂此纏縛，輪迴三界，生苦為業。由愛力故，生五取蘊。

❹六種根本煩惱：貪、瞋、慢、無明、惡見、疑。煩惱是擾亂義，即擾亂有情眾生的身心。貪、瞋等六煩惱，稱為根本煩惱，其他的煩惱是隨根本煩惱而生起的，故稱為隨煩惱。

❺五取蘊：取，是指執著的煩惱，眾生執著五蘊的身心為我，起種種煩惱。五蘊從執取而生，故稱五取蘊。

【今譯】

什麼是貪？即對於五蘊自我身心的執著，以染愛耽著為自性。因執取五蘊身心的纏縛，造成生死輪迴三界，而產生痛苦為其作用。由於貪愛的力量，而產生五取蘊的果報。

【略解】

貪即貪欲，對事物的貪求無厭，特別是對五取蘊自我身心的染愛耽著。即貪愛生命，對世間五欲六塵的追求，貪是生死的根本。《成唯識論》卷六說：「云何為貪？於有、有具染著為性，能障無貪，生苦為業。」意思是：貪是造成眾生常在欲有、色有、無色有（三界）之處的原因，以染愛耽著為本性；能障礙無貪，產生痛苦為其作用。

【本論】

云何瞋？謂於群生，損害為性。

【釋論】

住不安穩及惡行所依為業。不安穩者，謂損害他，自住苦故。

【今譯】

什麼是瞋？是對於眾生以損害為其自性。

瞋恚之人，不能住於平靜安穩，及依瞋而造作惡行為其作用。不安穩是指損害他人，自己也生活在苦惱之中。

【略解】

瞋是瞋恚、憤怒，由此而做惡，對於眾生會造成損害。瞋心所的發生，是來自內心對不如意的境界，或由於不好的情緒而感受痛苦。《成唯識論》卷六說：「云何為瞋？於苦、苦具憎恚為性，能障無瞋，不安穩住，惡行所依為業。」意思是：瞋是對各種苦及其苦因，憎惡痛恨為性；能障礙無瞋，產生不安穩性，成為惡行的所依，是其作用。

【本論】

云何慢？慢有七種：謂慢、過慢、過過慢、我慢、增上慢、卑慢、邪慢。

【今譯】

什麼是慢？慢有七種，即：慢、過慢、過過慢、我慢、增上慢、卑慢、邪慢。

【略解】

慢是傲慢、狂妄自大，認為自己優於他人，抬高自己，貶低他人。就慢的性質來說，分有超過、相等、不如等七種，分別解說如下。

【本論】

云何慢？謂於劣計己勝，或於等計己等，如是心高舉為性。

【今譯】

什麼是慢？即對於劣於自己的人，認為自己優勝於他；或於相等的人，認為與他相等，這是一種高傲自大的心態，為其自性。

【本論】

云何過慢？謂於等計己勝，或於勝計己等，如是心高舉為性。

【今譯】

什麼是過慢？即對於相等的人，認為自己優於他；或優於自己的人，認為自己與他相等，這是一種高傲自大的心態，為其自性。

【本論】

云何過過慢？謂於勝計己勝，如是心高舉為性。

【今譯】

什麼是過過慢？即對於勝過自己的人，卻說自己勝過他，這是一種高傲自大的心態，為其自性。

【本論】

云何我慢？謂於五取蘊，隨計為我或為我所，如是心高舉為性。

【今譯】

什麼是我慢？對色、受、想、行、識五蘊積聚的身心，隨意執取為我，或為我所，這是一種高傲自大的心態，為其自性。

【略解】

我慢，即對於五蘊聚合的身心，本非實我，卻誤認為是實我，執取為我，或我所，而生傲慢心。《成唯識論》卷四說：「我慢者，謂倨傲，恃所執我，令心高舉，故名我慢。」意思是：有我慢的人，心中高傲自大，仗恃所執的自我，令心高舉，故稱我慢。

【本論】

云何增上慢？謂未得增上殊勝所證之法，謂我已得，如是心高舉為性。

【釋論】

增上殊勝所證法者，謂諸聖果及三摩地、三摩鉢底等，於彼未得，謂我已得，而自矜倨。

【今譯】

什麼是增上慢？自己的修行還沒有證得非常殊勝的果位（果法），卻說自己已經證得，這是一種高傲自大的心態，為其自性。

增上殊勝所證法，是指四果、菩薩、諸佛等聖果及三摩地（samādhi）、三摩鉢底（samāpatti），對於這些聖果和定力，自己未證得而說已證得，自負驕矜倨傲。

【略解】

增上慢，以非常自驕的心，未證聖者果位或定力，自以為證得。三摩地，又音譯三昧，漢譯等持，是精神統一的作用，能平等持心。三摩鉢底，漢譯等至，在禪定中而使心達到安然平等的狀態。

【本論】

云何卑慢？謂於多分殊勝，計己少分下劣，如是心高舉為性。

【今譯】

什麼是卑慢？即對勝於自己很多的人，認為自己與他只少分不及，這是一種高傲自大的心態，為其自性。

【本論】

云何邪慢？謂實無德，計己有德，如是心高舉為性。

【釋論】

不生敬重所依為業，謂於尊者及有德者，而起倨傲，不生崇重。

【今譯】

什麼是邪慢？自己本來沒有功德，而認為自己有功德，這是一種高傲自大的心態，為其自性。

因依邪慢，不能生起敬重他人之心，是其作用，即對於尊長及有德者，而起倨傲輕視，不生崇敬尊重之心。

【本論】

云何無明？謂於業、果、諦、寶，無智為性。此有二種：一者俱生，二者分別。又欲界貪、瞋及以無明，為三不善根，謂貪不善根、瞋不善根、癡不善根。

【釋論】

此復俱生、不俱生、分別所起。俱生者，謂禽獸等；不俱生者，謂貪相應等；分別者，謂諸見相應，與虛妄決定，疑煩惱所依為業。

【今譯】

什麼是無明？即對於業力、果報、四諦、三寶等愚昧無知，無智為自性。這有二種：一者是俱生自然本能而生起，二者是經由分別而生起。又在欲界眾生，有貪、瞋及無明，稱為三不善根：即貪不善根、瞋不善根、癡不善根。

此無明又有三種差別：俱生者，通一切有情及禽獸等；不俱生者，指與貪、瞋等相應生起，迷於事理；分別所起者，即先與各種見相應，而後虛妄決定，成為疑煩惱的所依，是其作用。

【略解】

無明即是癡，無明是十二因緣之首，即對佛法義理的愚昧無知。這有二種：一者俱生，即與生俱來的，對於外境自然本能的而生起煩惱；二者分別，經由邪思維等分別而生起煩惱。

《成唯識論》卷六說：「云何為癡？於諸理、事迷暗為性，能障無癡，一切雜染所依為業。」意思是：什麼是癡？對於各種道理和事物，迷惑無知，為其自性；能障礙不癡，成為一切雜染法的所依，是其作用。

【本論】

云何見？見有五種：謂薩迦耶見、邊執見、邪見、見取、戒取。

【今譯】

什麼是見？見有五種：薩迦耶見、邊執見、邪見、見取見、戒禁取見。

【略解】

見是見解，唯識論典中多處用為不正見或惡見（mithyādṛṣṭi），即錯誤不正確的見解，對於四諦等道理顛倒推度，能障善見。這些錯誤的見解歸納起來有五種：薩迦耶見、邊執見、邪見、見取見、戒禁取見。見解如與正法或正慧相應，就是善見或正見。

《成唯識論》卷六說：「云何惡見？於諸諦理顛倒推度，染慧為性，能障善見，招苦為業。」意思是：惡見是對一切真理的顛倒推度，以染污的慧為其本性；能障礙善見，招致苦果是其作用。

惡見的差別，有如下的五種：

【本論】

云何薩迦耶見？謂於五取蘊，隨執為我或為我所，染慧為性。

【釋論】

薩謂敗壞義，迦耶謂和合積聚義，即於此中，見一見常，異蘊有我，蘊為我所等。何故復如是說？謂薩者破常想，迦耶破一想，無常積集，是中無我及我所故。染慧者，謂煩惱俱，一切見品所依為業。

【今譯】

什麼是薩迦耶見（satkāyadṛṣṭi）？是對於五蘊假合的身心，隨便執著五蘊之中任何一蘊為我，不是妄執有一實我，就是妄執為我所。這是以染污慧為其自性。

薩是敗壞義，迦耶是和合積聚義；外道們於薩迦耶見中，不是執著一，就是執著常，認為離五蘊別執有我，而以五蘊為我所。為什麼要這樣說呢？為破外道謬見，指薩是破常見想，迦耶是破一想。因為五蘊是無常的，和合積集的，在此身見中無我及我所。染慧，即不清淨的慧，因與煩惱俱有，成為一切惡見的所依，是其作用。

【略解】

薩迦耶見，意為身見、有身見，是對於五蘊虛假和合的身心，妄執為我、我所（我見、我所見），這種錯誤的見解，產生自染污慧。按有情身心的存在，是五蘊虛假的和合，其中並無一個真實的自我可得，而外道們於身見中，不是執著為一，就是執著為常，此為即蘊執我、我所。異蘊即離蘊，異蘊有我者，指離開五蘊，別執有一實我。蘊為我所者，即不論即蘊離蘊，都是執五蘊為我所的。

《成唯識論》卷六說：「薩迦耶見，謂於五取蘊執我、我所，一切見趣所依為業。」意思是：薩迦耶見（身見），即執著五取蘊為我及我所，並成為其他一切惡見的所依，為其作用。

【本論】

云何邊執見？謂薩迦耶見增上力故，即於所取，或執為常、或執為斷，染慧為性。

【釋論】

常邊者，謂執我自在，為遍常等；斷邊者，謂執有作者、丈夫等，彼死已不復生，如瓶既破更無盛用，障中道、出離為業。

【今譯】

什麼是邊執見？即依於身見上增強力量，執取我及我所，隨起邊見，執著我為常，或執我為斷，是以染慧為自性。

執常一邊的人，認為事物恆常不變（自在），遍滿一切處，常遠存在。執斷一邊的人，執有一個作者（以我為作者），或執著有一個稱為丈夫（亦稱士夫，即主體的我）等，當作者或主體的我死後，就斷滅無有了，不會再生，就如已破壞的瓶器，不可再盛用。這些邊執見，能障礙中道，不能出離證滅，為其作用。

【略解】

邊執見，即執著一邊之見，於身見隨執為常、為斷。執著常見的，認為事物恆常不變，生命形態永久不變，以為人死為人、梵天生婆羅門永久為婆羅門、奴隸永久為奴隸、狗死為狗等。執著斷見的，認為我人或實體我的五蘊身死後，就斷滅無有了，人只有一次生命，無前生無來世，不再轉生。這些常見和斷見，都能障礙中道及出離的正見。印度外道們，以我為作者，意為有作用的人，另一義為造物主。丈夫或士夫，指人或實體我之意。

《成唯識論》卷六說：「邊執見，謂即於彼，隨執斷、常，障處中行、出離為業。」意思是：對身見所執的我，或執著我死後為斷滅，或執著我為恆常不變，這些錯誤的見解，能障礙中道及出離的滅諦，是其作用。

【本論】

云何邪見？謂謗因果，或謗作用，或壞善事，染慧為性。

【釋論】

謗因者，因謂業、煩惱性，合有五支。煩惱有三種，謂無明、愛、取；業有二種，謂行及有。有者，謂依阿賴耶識諸業種子，此亦名業。如世尊說：「阿難，若業能與未來果，彼亦名有。」如是等，此謗名為謗因。謗果者，果有七支，謂識、名色、六處、觸、受、生、老死，此謗為謗果。或復謗無善行、惡行，名為謗因；謗無善行、惡行果報，名為謗果。謗無此世他世、無父無母、無化生眾生，此謗為謗作用，謂從此世往他世作用、種子任持作用、結生相續作用等。謗無世間阿羅漢等，為壞善事，斷善根為業；不善根堅固所依為業。又生不善，不生善為業。

【今譯】

什麼是邪見？指毀謗因果的報應，或認為無此世他世的作用，或破壞行善之事，以染慧為其自性。

謗因者，因指業和煩惱，（在十二支因緣中）合共有五支為因。即煩惱有三種，是無明、愛、取三支；業有二種，即行和有二支。有支，是指依阿賴耶識中的諸業種子，此種子亦名業。如世尊曾說過：「阿難！若業與未來果，這亦稱為有。」如上所說，這稱為謗因。謗果者，果（在十二支因緣中）有七支，即識、名色、六處、觸、受、生、老死，毀謗這七種果報，稱為謗果。

或又毀謗世間無善行惡行，這是謗因；毀謗世間無善行惡行之果報，這是謗果。

毀謗無此世他世、毀謗無父無母、毀謗無化生眾生，這些是毀謗作用；即沒有眾生在此世命終之後，轉生他世的作用，沒有種子任持的作用（指投胎時依託父母精血為種子，父母的交合、母親的懷胎任持，才有生命的延續），也沒有結生相續的作用（即人死後有一段化生中陰身階段，然後投生在其他的地方）。毀謗世間沒有阿羅漢等四果聖者，能破壞善事，斷人善根為作用；為不善根堅固的所依，是其業用。又因為邪見故，惟生不善法，以不善法為業用。

【略解】

邪見，即毀謗因、毀謗果的存在，毀謗善、惡行為的作用，毀謗聖、凡等的真實性，以及不包括上列四見的其他各種錯誤的執著，都稱為邪見。

毀謗因果業報的存在，關於有情的生死流轉，是依循緣起發展過程中，形成十二支說，稱為十二因緣。十二因緣是：無明、行、識、名色、六處、觸、受、愛、取、有、生、老死等。無明，為過去對事理的暗昧無知；行，為過去造作的諸善、惡業；識，由過去無明和造業，使招感現在的果報體，即初入胎位的心識；名色，名是精神，色是物質，即在母胎中初發育的身心，但六根尚未發展完具；六處，指六根漸生長完具，形成人身的胚胎；觸，出胎後，與外境接觸；受，對外境生起苦、樂等感受；愛，對飲食、物欲、男女的感情起愛執；取，對所愛之境起貪念，強力執取，希求獲得；有，因強力執取，造作現有種種善、惡業，引發後有之報；生，現在世生命結束後，未來新生命的開始；老死，未來世之生命，又漸老死，此老死，是老病死及憂悲惱苦的簡略。再總略的說，就是由過去世的無明和行業二支因，感受現在世的識、名色、六處、觸、受的五支果；再由現在世的愛、取、有三支因，感招未來的生、老死等二支果，這是說明有情生命三世因果流轉的現象。

釋論中所謂「種子任持作用」者，是指阿賴耶識一類恆時無間執持世、出世間本有和新熏的一切種子，執持不令失壞；這包括法爾本有的無漏種子，以及新熏的有漏種子。

又所謂「結生相續作用者」者，結生指輪迴轉生之間，托生於母胎，是由先業所招，能相續後有的作用。即指有情的根身是由第八阿賴耶識變生的，從住母胎開始執受父精母血，直至精血變成根身，出生成長，而至老死，都是因有阿賴耶識執受根身的作用令不失壞。

安慧論師在上列釋論文中，是以十二因緣解釋因果的關係，並單就謗因和果兩方面來講的，故總歸謗因為五支，謗果為七支，這十二因緣是用來解說生命存在種種現象的因果關係。而三世生死流轉，亦可簡略說為惑、業、苦三者，即眾生由起惑（煩惱）而造業，由造業而感受苦報，在苦報中又產生煩惱，引生更多的業，這樣因果循環，相續不斷，沉淪生死，難於解脫，如下表所示：

十二因緣與惑業苦表解（三世二重因果）

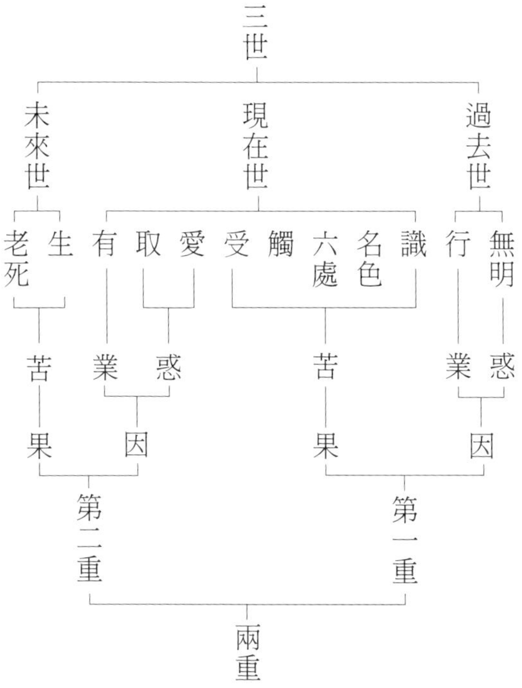

【本論】

云何見取?謂於三見及所依蘊,隨計為最為上、為勝、為極,染慧為性。

【釋論】

三見者,謂薩迦耶、邊執、邪見。所依蘊者,即彼諸見所依之蘊,業如邪見說。

【今譯】

什麼是見取見?指對於身見、邊見、邪見三種,及三見所依的五蘊,隨執一端,以為最上、最勝、最極,以染慧為自性。

三見,即薩迦耶見、邊執見、邪見。所依蘊者,即前說三見所依的五蘊,作用如邪見所說。

【略解】

妄執生起的身見、邊見、邪見,固執以為是真實之見,因而生起鬥爭。《成唯識論》卷六說：「見取，謂於諸見及所依蘊，執為最勝，能得清淨，一切鬥爭所依為業。」意思是：見取見，是在一切惡見及所依的五蘊，固執為最殊勝，能得清淨之果，依此而生起一切鬥爭，是其作用。

【本論】

云何戒禁取？謂於戒、禁及所依蘊，隨計為清淨、為解脫、為出離，染慧為性。

【釋論】

戒者，謂以惡見為先，離七種惡。禁者，謂牛狗等禁及自拔髮、執三支杖、僧佉定慧等，此非解脫之因。又計大自在或計世主及入水、火等，此非生天之因。如是等，彼計為因。所依蘊者，謂即戒、禁所依之蘊。清淨者，謂即說此無間方便，以為清淨。解脫者，謂即以此解脫煩惱。出離者，謂即以此出離生死。是如此義，能與無果唐勞、疲苦所依為業。無果唐勞者，謂此不能獲出苦義。

【今譯】

什麼是戒禁取見？指守持不正當的、錯誤的戒律，及所依的五蘊，隨執一端，以為清淨，能得解脫，可出離證滅，是以染慧為自性。

戒禁取見，是以惡見為先，認為可離身三、口四的七種惡業。禁者，外道們守持牛狗等戒及自苦拔除頭髮等。執持三支杖者，是持自苦戒者所執持的杖棒。僧佉者，即古印度外道僧佉（Sākhya）數論師，他們雖然也講說有定慧等，然非解脫之因。又計執能生欲界第六天主的大自在天，或色界初禪第三天的世主（即大梵天）；以及跳入恆河裡沐浴身體，以為可以洗除罪惡；入火燒死以為可以除罪等，這些都不是生天之因。如上所說，是外道們執著為生天解脫之因。所依蘊，指戒禁取見所依的五蘊身。清淨者，指外道們以此無間斷的方便法，認為立刻可以清淨；解脫者，以此為解脫煩惱；出離者，以此為能出離生死。這些守持戒禁取戒者，實際上都是徒勞無益，不會有結果的，只增加疲累和痛苦，為其作用。無果唐勞者，指守持上面這些戒禁，是不能獲得離苦的。

【略解】

所依蘊，就是持戒、禁取者所依的五蘊身。三支杖者，是守持自苦戒者習慣上所持用的三支杖，杖頭上有三個叉。僧佉定慧等者，即古印度外道數論師派，雖也講有定有慧，但都是有漏之定慧，不能解脫；等是指勝論師等。大自在，指欲界的第六天大自在天，是印度婆羅門教的世界創造神。世主，指色界初禪第三天的大梵天。外道們認為大自在天或世主，為一切世間之因，以求命終之後能生到天上。以及入水者，如在恆河中沐浴，可以洗除諸惡；入火燒死，可以滅除罪惡。持守這些戒禁，是不能得到清淨的，或出離生死煩惱的。

《成唯識論》卷六說：「戒禁取，謂於隨順諸見戒禁及所依蘊，執為最勝，能得清淨。無利勤苦所依為業。」意思是：戒禁取見，是根據各種惡見而受的戒禁及所依的五蘊，執著它們為最殊勝，能得到清淨，實際上是徒勞無益，只增加疲勞痛苦，是為戒禁取見的作用。

【本論】

云何疑？謂於諦、寶等，為有為無，猶豫為性。

【釋論】

不生善法所依為業。

【今譯】

什麼是疑？疑是指對於佛法中的四諦、三寶，有所懷疑，是有是無，猶豫不決，為其自性。

為不生善法之所依，是其作用。

【略解】

疑是對於佛法的義理，常生懷疑，信心不定，猶豫不決，不能生起善法。《成唯識論》卷六說：「云何為疑？於諸諦理猶豫為性，能障不疑善品為業。」意思是：疑是對佛法四諦義理等，猶豫不能生信，為其自性；能障礙不疑，以及其他善行，是其作用。

【本論】

諸煩惱中，後三見及疑，惟分別起，餘通俱生及分別起。

【今譯】

以上各種根本煩惱中，後三見（邪見、見取見、戒禁取見）及疑煩惱，都是從知見思惟分別而生起；其餘（貪、瞋、癡、慢、身見、邊見）的煩惱，則通分別和俱生而生起。

【略解】

六根本煩惱，分有俱生煩惱和分別煩惱二種：俱生煩惱，是指貪、瞋、癡、慢、身見、邊見，是與生俱來對於外境自然生起的煩惱；同時也可說是分別煩惱，通過思考而生起。分別煩惱，是指邪見、見取見、戒禁取見、疑，是依邪師、邪教、邪思維而生起。

上述六種根本煩惱中，若由「惡見」再開為身見、邊見、邪見、見取見、戒禁取見五種，就成為十種根本煩惱，通稱為十使。貪、瞋、慢、無明、疑五種，稱為五鈍使，亦稱思惑，是迷於事之惑，即環境心理上的障礙，至聖者修道位可斷。身、邊、邪、見取、戒禁取五種，稱為五利使，亦稱見惑，是迷於理之惑，即知識見解上的障礙，至聖者見道位可斷。

《成唯識論》卷六說：「如是總別十煩惱中，六通俱生及分別起，任運思察俱得生故。疑後三見，唯分別起，要由惡友及邪教力，自審思察，方得生故。」意思是：由總體六種、而細分別成十種煩惱中，六種（貪、瞋、癡、慢、身見、邊見）既可以說是俱生煩惱，也可以說是分別煩惱，因為不論自然俱生、還是通過思考都會使這些煩惱生起。疑及後三見（指邪見、見取見、戒禁取見），惟是分別煩惱，因要依惡友及邪教的力量，加上自己判斷思考，才得生起。

六根本煩惱與十使
- 貪、瞋、癡、慢、疑——五鈍使（思惑），心理上迷於事的障礙，修道位所斷。
- 身、邊、邪、見取、戒禁取——五利使（見惑），知識上迷於理的惡見，見道位所斷。

（五）隨煩惱心所❻

【本論】

云何忿？謂依現前不饒益事，心憤為性。

【釋論】

能與暴惡、執持鞭杖所依為業。

❻二十種隨煩惱，即隨根本煩惱不同心態而生起的。二十種隨煩惱，分成三類：1.小隨煩惱十種：忿、恨、覆，惱、嫉、慳、誑、諂、驕、害；這十種小隨煩惱，都是各別而生起，不能二法共生，它們的行相狹，故稱小隨。2.中隨煩惱二種：無慚、無愧，能二法並生，遍通不善性，但不通一切染污法，比較前小隨煩惱十種行相廣，又比較後面的掉舉等大隨煩惱八種行相狹，故稱中隨。3.大隨煩惱八種：掉舉、昏沉、不信、懈怠、放逸、失念、散亂、不正知，這八種都是自類而生起，遍通一切染污法，故稱大隨。

【今譯】

什麼是忿？指依現前所見所聞不饒益之事，覺得不順意，生起忿憤之心，為其自性。忿憤發作的人，生起粗暴凶惡的舉動，而以鞭杖攻擊他人，為其作用。

【略解】

對不順自己心意的事，感到憤怒，生起粗暴的身表業、語表業。瞋心所是根本煩惱，作用很微細，潛藏未表現出來，但它會現出粗暴的作用，產生忿心所，所以忿、恨、惱、害、嫉，都是以瞋心所的一分為體。《成唯識論》卷六說：「云何為忿？依對現前不饒益境，憤發為性；能障不忿，執仗為業。」意思是：忿心所是對當前不順利的事情，憤忿發作，是其本性；能障礙不忿，導致執杖鬥毆，是其業用。

【本論】

云何恨？謂忿為先，結怨不捨為性。

【釋論】

能與不忍所依為業。

【今譯】

什麼是恨？即先生起忿憤之心，而後結怨長存於心為其自性；不能忍受怨恨，是其作用。

【略解】

恨心所，是心懷惡意，與人結怨，由此引發極度煩惱。《成唯識論》卷六說：「云何為恨？由忿為先，懷惡不捨，結怨為性；能障不恨，熱惱為業。」意思是：恨心所，由忿為先導，心懷惡意不捨，與人結怨，是其本性；能障礙不恨，焦躁熱惱，是其作用。

【本論】

云何覆？謂於過失，隱藏為性。

【釋論】

謂藏隱罪故，他正教誨時，不能發露，是癡之分；能與追悔、不安穩住所依為業。

【今譯】

什麼是覆？即自己犯了過失，以隱藏蓋覆為其自性。因隱藏自己的罪惡，在他人教誨時，不能坦誠發露，是屬癡心所的分位而立；由於心生起追悔，住不能安穩，是其作用。

【略解】

覆心所，即自己犯了過失，害怕喪失名利，掩蓋其罪惡，不肯坦誠發露。《成唯識論》卷六說：「云何為覆？於自作罪，恐失利譽，隱藏為性；能藏不覆，悔惱為業。」意思是：覆心所，對自己所做的罪惡，唯恐喪失利益和名譽，而加以隱藏掩飾，是其本性；能障礙不覆，懊悔煩惱，是其作用。

【本論】

云何惱？謂發暴惡言，陵犯為性。

【釋論】

忿恨為先，心起損害；暴惡言者，謂切害粗獷，能與憂苦、不安穩住所依為業；又能發生非福為業，起惡名稱為業。

【今譯】

什麼是惱？即能引發粗暴的惡言，陵犯攻擊他人為其自性。

惱以忿恨為先，心中生起損害他人之念；暴惡言者，即用切骨粗獷的語言刺傷他人，造成憂苦，住不安穩；又能引發生起不善業，產生不好的名聲，是其作用。

【略解】

惱心所，惱是惱怒，是將心中原已存在的忿恨，又遇新的不順心之事，再次發作。《成唯識論》卷六說：「云何為惱？忿、恨為先，追觸暴熱，狠戾為性；能障不惱，蛆螫為業。」意思是：以忿、恨為先導，由追憶或觸景生情，導致狂暴焦躁，凶狠暴戾，是其本性；能障礙不惱，如毒蟲刺傷他人，是其作用。

【本論】

云何嫉？謂於他盛事，心妒為性。

【釋論】

為名利故，於他盛事，不堪忍耐，妒忌心生，自住憂苦所依為業。

【今譯】

什麼是嫉？對他人好的功德名譽等，心生嫉妒為其自性。

為了名聞利養，見到他人獲得名譽利益，不堪忍耐，心生妒忌，使自己住於憂戚苦惱中，是其作用。

【略解】

嫉就是嫉妒，指不能忍受他人的榮耀和成就，表現為妒忌。《成唯識論》卷六說：「云何為嫉？殉自名利，不耐他榮，妒忌為性；能障不嫉，憂戚為業。」意思是：嫉是嫉妒他人的成就，在尋求自己名利時，不能容忍他人的榮耀，以妒忌為其本性；能障礙不嫉，心生憂愁悲戚，為其作用。

【本論】

云何慳？謂施相違，心吝為性。

【釋論】

謂於財等，生吝惜故，不能惠施，如是為慳。心遍執著利養眾具，是貪之分，與無厭足所依為業。無厭足者，由慳吝故，非所用物，猶恆積聚。

【今譯】

什麼是慳？指與施相違的，心中慳吝，為其自性。

慳，是對於財物等，因為吝惜，不肯惠施他人，這稱為慳。心中充滿對名聞利養等的執著，由貪心所的分位而立，以貪得無厭為其作用。因慳貪不滿足，而且對於用不到的物品，還要恆常積聚。

【略解】

慳是慳吝，貪而不捨，不肯將自己的財物、佛法、知識施捨他人，不能與別人分享。《成唯識論》卷六說：「云何為慳？耽著財、法，不能惠捨，祕吝為性；能障不慳，鄙畜為業。」意思是：慳是愛戀自己的財物、知識，祕藏吝嗇，不肯施捨他人，是其本性；能障礙不慳，一味地鄙吝積蓄，是其作用。

【本論】

云何誑？謂矯妄於他，詐現不實功德為性。

【釋論】

是貪之分，能與邪命所依為業。

【今譯】

什麼是誑？指對他人矯揉造作，誑妄欺騙，偽裝自己有功德，是其自性。

誑是貪心所的分位而立，以邪命為所依，是其作用。

【略解】

誑指偽裝有德，欺騙他人。《成唯識論》卷六說：「云何為誑？為獲利譽，矯現有德，詭詐為性；能障不誑，邪命為業。」意思是：誑是為了獲得利益和名譽，故意裝出有德之人的樣子，詭詐是其本性；能障礙不誑，以不正當的方式謀生，是其作用。

【本論】

云何諂？謂矯設方便，隱己過惡，心曲為性。

【釋論】

謂於名利，有所計著，是貪癡分，障正教誨為業。復由有罪，不自如實發露歸懺，不任教授。

【今譯】

什麼是諂？諂是諂媚，以矯揉造作之姿，隱藏自己的過惡，不使他人知道，心曲不直為其自性。

對於名譽利養，非常計較，是貪的分位而立，能障礙師友的教誨，是其作用；又由於有罪惡，自己不肯如實發露懺悔，成為不堪教誨之人。

【略解】

諂是以諂媚，矯揉造作，隱藏自己的過惡，來取悅於人。《成唯識論》卷六說：「云何為諂？為罔他故，矯設異儀，險曲為性；能障不諂，教誨為業。」意思是：諂是為了蒙蔽他人，矯揉造作，陰險曲順，是其本性；能障礙不諂，不堪教誨，是其作用。

【本論】

云何驕？謂於盛事，染著倨傲，能盡為性。

【釋論】

盛事者，謂有漏盛事；染著倨傲者，謂於染愛，悅豫矜恃，是貪之分。能盡者，謂此能盡諸善根故。

【今譯】

什麼是驕？對於自己榮耀的事，有很深的染著，倨傲自大，是其自性。所謂盛事者，指世間成功很榮耀的事；染著倨傲者，深切染愛，驕嫉自大，是貪的分位而立，能盡者，指能喪盡一切善根功德。

【略解】

驕是對自己的成功，自我陶醉，而驕傲自大。盛事者，《三十唯識論》中舉例如族姓、色力、聰智、財富等事。能盡諸善根故，是指能喪盡無貪、無瞋、無癡三種善根。《成唯識論》卷六說：「云何為驕？於自盛事，深生染著，醉傲為性；能障不驕，染依為業。❼」意思是：驕是對自己榮耀的事，深切的生起染著，陶醉驕傲，是其本性；能障礙不驕，為染污心生起的所依，是其作用。

【本論】

云何害？謂於眾生，損惱為性。

【釋論】

是瞋之分。損惱者，謂加鞭杖等，即此所依為業。

【今譯】

什麼是害？指對於眾生以損害惱怒為其自性；是瞋的分位而立。損惱者，是對眾生加以鞭打杖擊等；即以此為所依，是其作用。

【略解】

害是損害或傷害他人，對人沒有慈憫心。《成唯識論》卷六說：「云何為害？於諸有情，心無慈憫，損惱為性；能障不害，逼惱為業。」意思是：對於一切眾生，心中沒有慈憫，損害和惱亂他人，是其本性；能障礙不害，以逼害惱亂為其作用。

【本論】

云何無慚？謂所作罪，不自羞恥為性。

【釋論】

一切煩惱及隨煩惱，助伴為業。

❼在【釋論】中未舉說業用，但在《成唯識論》卷六舉出「染依為業」，即驕為染污心生起的所依，是其業用。

【今譯】

什麼是無慚？指對所做的罪惡，自己不知羞恥為其自性；一切根本煩惱及隨煩惱，都助伴生長，為其作用。

【略解】

無慚是對做了惡行之事，不感到羞恥，拒絕賢者教誨，不接受世間善法。《成唯識論》卷六說：「云何無慚？不顧自、法，輕拒賢善為性；能障礙慚，生長惡行為業。」意思是：不顧自尊、法律，輕視賢者和排斥善法，是其本性；能障礙慚，生長惡行，是其作用。

【本論】

云何無愧？謂所作罪，不羞他為性。

【釋論】

業如無慚說。

【今譯】

什麼是無愧？即自己做了罪惡，有愧於他人，而不知羞恥，為其自性；作用如無慚心所說。

【略解】

無愧即自己做了壞事，有愧於人，不知羞恥，不顧世間善行，推崇暴惡，生長惡行。《成唯識論》卷六說：「云何無愧？不顧世間，崇重暴惡為性；能障礙愧，生長惡行為業。」意思是：不顧世間道德等，推崇暴惡之人，是其本性；能障礙愧，生長惡行，是其作用。

無慚和無愧的共同點是，對自己犯的錯誤和罪惡，不感到羞恥；不同點是，無慚，輕視賢者，排斥善法，無愧，推崇暴惡，倚重惡法，造惡行更加嚴重。以上二者是中隨煩惱，只是遍不善心所生起。

【本論】

云何昏沉？謂心不調暢，無所堪任，蒙昧為性。

【釋論】

是癡之分，與一切煩惱及隨煩惱所依為業。

【今譯】

什麼是昏沉？即心情不調適舒暢，不能堪任修習善法，蒙昧為其自性；是癡的分位而立，為一切根本煩惱和隨煩惱的所依，是其作用。

【略解】

昏沉是昏昧沉重，迷暗不明，障礙輕安和觀慧。《成唯識論》卷六說：「云何昏沉？令心於境無堪任為性；能障輕安、毘鉢舍那為業。」意思是：使心對境昏昧沉重，不能勝任發揮功能，是其本性；能障礙輕安和觀慧（毘鉢舍那），是其作用。毘鉢舍那譯為觀、觀慧，即觀照真理的智慧。

【本論】

云何掉舉？謂隨憶念喜樂等事，心不寂靜為性。

【釋論】
應知憶念先所遊戲歡笑等事，心不寂靜，是貪之分，障奢摩他為業。

【今譯】
什麼是掉舉？即憶念過去的喜樂等事，心中不得安靜為其自性。憶念起過去所曾做過的喜笑遊戲等事，心不得安靜，是貪的分位而立，有障礙禪定的作用。

【略解】
掉舉是心不能安靜，妄動浮躁，妄想散亂，障礙禪定，不能集中注意力。奢摩他譯為止，即禪定。《成唯識論》卷六說：「云何掉舉？令心於境不寂靜為性；能障行捨、奢摩他為業。」意思是：掉舉使心對境不能保持平靜，是其本性；能障礙行捨，即很難保持內心的平靜，障礙禪定，心難安靜下來，是其作用。

【本論】

云何不信？謂信所治，於業、果等，不正信順，心不清淨為性。

【釋論】

能與懈怠所依為業。

【今譯】

什麼是不信？是信所對治，對於業力、果報等，不能正信符順，心不清淨為其自性；能與懈怠為所依，是其作用。

【略解】

不信，特別表現為對佛法的道理，不認可接受，即不信佛法。《成唯識論》卷六說：「云何不信？於實、德、能不忍樂欲，心穢為性；能障淨信，惰依為業。」意思是：不信，是對真實的道理、三寶功德、證聖道等，不認可承受為快樂之事，心中污穢，是其本性；能障礙淨信，成為懶惰的所依，是其作用。

【本論】

云何懈怠？謂精進所治，於諸善品，心不勇進為性。

【釋論】

能障勤修眾善為業。

【今譯】

什麼是懈怠？是精進心所對治，對於一切善法，心不能勇猛精進，為其自性；能障礙勤修一切善法，為其作用。

【略解】

懈怠，對行善斷惡不勤奮，不積極；反而對惡業勤奮。《成唯識論》卷六說：「云何懈怠？於善、惡品修斷事中，懶惰為性；能障精進，增染為業。」意思是：對於在修善斷惡的過程中，以懶惰為性；能障礙精進，增長污染，是其作用。

【本論】

云何放逸？謂依貪、瞋、癡、懈怠故，於諸煩惱，心不防護；於諸善品，不能修習為性。

【釋論】

不善增長、善法退失所依為業。

【今譯】

什麼是放逸？因依貪、瞋、癡、懈怠的原故，對於一切煩惱，心不能防護；對於一切善法，不能修習為其自性。

因為放逸，不善法增長，而善法反而退失，為其作用。

【略解】

心情放蕩，不修善法，不能防止惡事，甚至不能保護自己清淨的心念。《成唯識論》卷六說：「云何放逸？於染淨品不能防修，縱蕩為性；障不放逸，增惡損善所依為業。」意思是：放逸，對染污的事不能防止，對善法不能修習，縱逸放蕩，是其本性；能障礙不放逸，成為增惡損善的所依，是其作用。

【本論】

云何失念？謂染污念，於諸善法不能明記為性。

【釋論】

染污念者，謂煩惱俱；於善不明記者，謂於正教授不能憶持義，能與散亂所依為業。

【今譯】

什麼是失念？即以染污的心，對一切善法，不能明記為其自性。

染污念者，指與煩惱相應的心念；於善不能明記者，即對於他人正當教導（善法），不能記憶和受持，成為散亂心所的所依，是其作用。

【略解】

失念，心意散亂，對於善法不能明記。《成唯識論》卷六說：「云何失念？於諸所緣不能明記為性；能障正念，散亂所依為業。謂失念者，心散亂故。」意思是：失念，是對各種認取的對象，不能清楚地記憶，是其本性；能障礙正念，成為散亂的所依，是其作用。因為失念，而導致心的散亂。

【本論】

云何散亂？謂貪、瞋、癡分，令心、心法流散為性。

【釋論】

能障離欲為業。

【今譯】

什麼是散亂？是隨貪、瞋、癡的分位而立，令心、心所流蕩散動為其自性；能障礙離欲為其作用。

【略解】

散亂是指很多亂想，心意流蕩，沒有思考的目標，障礙正定，阻止善慧，增長惡慧。《成唯識論》卷六說：「云何散亂？於諸所緣，令心流蕩為性；能障正定，惡慧所依為業。謂散亂者，發惡慧故。」意思是：在認取各種對象時，使心流動蕩漾，是其本性；能障礙正定，以惡慧為所依，是其作用。散亂心能引發惡慧的生起。

【本論】

云何不正知？謂煩惱相應慧，能起不正身、語、意行為性。

【釋論】

違犯律行所依為業，謂於去、來等，不正觀察故，而不能知應作、不應作，致犯律儀。

【今譯】

什麼是不正知？是與煩惱相應的慧而假立，能引起不好的身、口、意行為，是其本性。

成為違犯律儀的行為，是其作用，對於過去、未來、現在，不能生起正確的觀察，不知什麼應做，什麼不應做，因而違犯律儀。

【略解】

不正知，即錯誤的理解，障礙正知，違犯戒律。《成唯識論》卷六說：「云何不正知？於所觀境，謬解為性；能障正知，毀犯為業。謂不正知者，多所毀犯故。」意思是：不正知，對於所觀察的事理，錯誤地理解，是其本性；能障礙正知，毀犯戒律，是其作用。具有不正知的人，常會毀犯戒律。

上列隨煩惱二十，是隨根本煩惱而生起，故稱隨煩惱。依《成唯識論》判別，小隨煩惱十個，都是隨貪、瞋、癡一分體而立，是屬假法（假有）。中隨煩惱的無慚、無愧，及大隨煩惱的不信、懈怠四個，是屬實法（實有）；掉舉、昏沉、散亂三個，有說是假法，有說是實法；放逸是依貪、瞋、癡、懈怠為體，失念、不正知是以癡為體，三個都是假法。今列表如下：

二十隨煩惱

隨煩惱（20）

- 小隨煩惱
  - 忿、恨、惱、害、嫉——以瞋一分為體
  - 誑、驕、慳——以貪一分為體
  - 覆——以貪、瞋一分為體
  - 諂——以貪、癡一分為體
  - （以上）假法
- 中隨煩惱
  - 無慚、無愧——有別體實法
- 大隨煩惱
  - 不信、懈怠、昏沉、掉舉、散亂——有別體實法
  - 放逸——以貪、瞋、癡、懈怠為體
  - 失念——以念、癡為體
  - 不正知——以慧、癡為體
  - （放逸、失念、不正知）假法

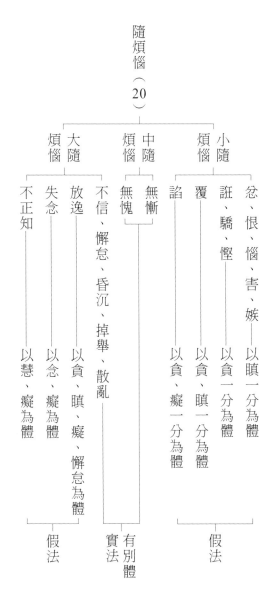

（六）不定心所❽

【本論】

云何惡作？謂心變悔為性。

【釋論】

謂惡所作，故名惡作。此惡作體，非即變悔，由先惡所作，後起追悔故，此即以果從因為目，故名惡作。譬如六觸處，說為先業。此有二位，謂善、不善。於二位中，復各有二：若善位中，先不作善，後起悔心，彼因是善，悔亦是善；若先作惡，後起悔心，彼因不善，悔即是善。若不善位，先不作惡，後起悔心，彼因不善，悔亦不善；若先作善，後起悔心，彼因是善，悔是不善。

【今譯】

什麼是惡作？即對做過的事情，心中生起追悔，是其本性。

即厭惡以前所做的事，故稱惡作。這惡作的體性，並不是即刻生起追悔，而是先做了事，後生起追悔，這是從因上而立果名，所以稱為惡作。譬如六觸處（眼、耳、鼻、舌、身、意六根之觸所依處），說為先業（因先前所造業因，招感現前六觸處果）。此惡作分有二位，即善和不善。在二位中，又各分二；若就善位說，先前未做善事，後生起追悔心，其因是善，後悔的果也是善；若先做了惡事，後生追悔心，其因是不善，而追悔是善。若就不善位說，若先前未做之惡，後生追悔心，其因是不善，追悔也是不善；若先做了善事，後生起追悔心，其因是善，追悔是不善。

【略解】

惡作亦稱悔，二者同義。惡作，惡是厭惡，作是所做，即厭惡所做。悔，是追悔或後悔。即對過去做過或未做過的事，感到後悔。惡作是由因上立名，即厭惡為因，

❽不定心所：共有四種，即惡作（悔）、睡眠、尋、伺。不定，是指這些心所對八識、三界、三性來說，都不一定。因這四種心所，不像五遍行心所必定普遍存在於八識中，而只存在第六識中；也不像五別境心所必定存在於三界九地，惡作和睡眠只在欲界，尋、伺只在欲界與色界的初禪、二禪；還有這四種心所不像善、惡心所那樣性質確定，它們是通三性的，所以稱為不定心所。

追悔為果。悔是由果上立名，即先厭惡所做的事，而後才生起追悔。

《成唯識論》卷七說：「悔謂惡作，惡所作業，追悔為性；障止為業。此即於果假立因名，先惡所作業，後方追悔故。悔先不作，亦惡所攝。」意思是：悔即是惡作，厭惡所做過的事而後悔，是其本性；障礙禪定，是其作用。這是在果上假立因的名稱，即先厭惡所做的事，後再生起追悔。後悔先前不做的事，也屬惡所攝。

【本論】

云何睡眠？謂不自在轉，昧略為性。

【釋論】

不自在者，謂令心等不自在轉，是癡之分。又此自性不自在故，令心、心法極成昧略。此善、不善及無記性，能與過失所依為業。

【今譯】

什麼是睡眠？昏沉而不能自在運轉，以暗昧輕略為其自性。

不自在，即睡眠能令心、心所昏沉而不能自在運轉，是在癡煩惱分位上而假立。又因睡眠的體性昏沉不自在，令心、心所法暗昧不明。這一不定心所通善、不善、無記三性，以睡眠為所依，而生起很多過失為其作用。

【略解】

此睡眠不是一般所說的睡覺，而是心理像在睡眠的狀態。在睡眠狀態時，前五識皆昏沉，知覺不清，唯有第六意識一門活動，所以暗昧輕略，能障礙觀慧。《成唯識論》卷七說：「眠謂睡眠，令身不自在，昧略為性；障觀為業。」意思是：眠即睡眠，使身體不能自在活動，令心昏昧，作用微弱，是其本性；障礙觀慧，是其作用。

【本論】

云何尋？謂思、慧差別，意言尋求，令心粗相分別為性。

【釋論】

意言者，謂是意識，是中或依思、或依慧而起。分別粗相者，謂尋求瓶、衣、車、乘等之粗相，樂觸、苦觸等所依為業。

【今譯】

什麼是尋？即思心所和慧心所差別的一分，是第六意識對事理境界上做一種粗略分別的思考，為其自性。

意言，是指第六意識，是依思心所，或依慧心所而生起。尋是對事理分別做粗略的思考，如尋求推度瓶、衣、車乘等只做粗略的了解，以樂觸和苦觸為所依，是其作用。

【略解】

意言是指通過名言來思考對象。尋是尋求，對事理做粗略的思考，不做微細的分析。《成唯識論》卷七說：「尋謂尋求，令心匆遽，於意言境粗轉為性。」意思是：尋是尋求，使心頻繁地活動，在意識和語言的對象上，僅做粗略地思考，是其本性。

【本論】

云何伺？謂思、慧差別，意言伺察，令心細相分別為性。

【釋論】

細相者，謂於瓶、衣等，分別細相成、不成等差別之義。

【今譯】

什麼是伺？即思心所和慧心所差別的一分，是第六意識對事理境界上做一種細密分別的思考，為其自性。

細相，即對瓶、衣、車乘等，在第六意識對事理境界上，做一種細密分別的思考，而判斷成或不成等差別。

【略解】

伺是伺察，對事理做微細的深思考察。《成唯識論》卷七說：「伺謂伺察，令心匆遽，於意言境細轉為性。」意思是：伺是仔細地觀察，使心頻繁地活動，在意識和語言的對象上，做細微地思考，是其本性。

二、心不相應行法❾

【本論】

云何心不相應行？謂依色、心等分位假立，謂此與彼不可施設異、不異性。

【今譯】

什麼是心不相應行？是依色法、心法、心所法的分位而假立，即此不相應行法與色法、心法、心所等，都不可施設說是同或不同（而是非色、非心的不相應行法）。

【略解】

心不相應行，又稱心不相應行蘊、心不相應法，俱舍宗和法相宗對於一切法分為五位，心不相應行列第四位。心不相應行，指不屬於色、心二法，與心不相應的有為法，只是依於色、心的分位所假立的非實法，沒有體性和業用可得。但世間心法與色法之間存在著聯繫作用，這種聯繫不能被肯定是屬於心法或色法，一些狀況或性質不能以心或色來說明，就另立一種方式來表達，這即是不相應行法。

《成唯識論》卷一說：「非如色、心及諸心所，體相可得；非異色、心及諸心所，作用可得。由此故知，定非實有，但依色等分位假立。」意思是：並非像色法、心識及各種心所那樣，有主體的形相可得；也並非在色法、心識及各種心所之外，有作用可得。由此可知（得、無想定等），必定不具有實體存在，但是依據色法、心識及心所的各種狀態而假立。

❾心不相應行：心，是心王八識；不相應，指得、無想定等不相應行法，是不與心王相應的，不伴隨心法的生起；行，是五蘊中的行蘊，行為遷流變動義，意指有為法。心不相應行法，是認識現象所擬設的一種形式的概念，沒有客觀的實物相應，只是依色法、心法、心所法的分位而假立，而是非色、非心的不相應行法，但間接屬於第六意識所緣。由於心不相應行法是假立，所立數目也不一定；《成唯識論》、《五蘊論》立有十四法，《對法論》立有二十三法，《瑜伽師地論》、《百法明門論》等立有二十四法。

【本論】

此復云何？謂得、無想定、滅盡定、無想天、命根、眾同分、生、老、住、無常、名身、句身、文身、異生性。如是等。

【今譯】

（心不相應行法）又是如何呢？它們是指得、無想定、滅盡定、無想天、命根、眾同分、生、老、住、無常、名身、句身、文身、異生性；如是等（有說如是等即指省略去的十種：流轉、定異、相應、勢速、次第、時、方、數、和合、不和合）。

【略解】

依據《大乘廣五蘊論》，或依據《成唯識論》，不相應行法，僅列有十四種；但《瑜伽師地論》、《百法明門論》等立有二十四法。不相應行法都屬行蘊所攝，是有為法，是依心識、心所、色法三者分位假立之法。至於為什麼稱不相應行？有下列三義：1.不相應行法無緣慮的作用，故不與心識、心所相應。2.不相應行法無質礙的作用，故不與色法相應。3.不相應行法是生滅變異之法，不與無為法相應。

【本論】

云何得？謂若獲、若成就。此復三種，謂種子成就、自在成就、現起成就，如其所應。

【今譯】

什麼是得？即是獲得，即是成就。成就分三種：即種子成就、自在成就、現起成就，這皆隨著不同的內容，應作怎樣的講解。

【略解】

得是獲得、成就或成功之義，對佛法的修行有所進步，為認識現象所擬設的一種形式概念，客觀上並沒有一種東西稱為得。成就又分三種：1.種子成就：指諸法雖不現行，而種子早已具足，如凡夫心識中，成就了潛在的三無漏根種子（未知當知根、已知當知根、具知根）。2.自在成就：指依禪定、神通的轉變自在力，所生的善法及一分無記法。3.現起成就：指正在成就的一切現行法，即種子熟變生為現行。

例如得禪定（心），或得財寶（物），是依色、心之事物而假立說得定、得寶；

因此，離開所得之色、心之法以外，別無實體。又如說我得到一本書，我是人，人是由色（身體）心（精神）二法組合，書是色法，為一物件，得是由色、心之間關係而顯示出來。明廣益《百法明門論纂》中說：「言得者，成就不失之義，謂色、心生起未滅壞，是生緣攝，受增盛之因。即凡夫有所得心，三乘有所得果，如得金時，金非時得，金乃是物，得非是金，有名而無實，故云不相應也。」意思是：講到得，是成就而未失去之義，指色、心生起時還未息滅，是生緣所攝，受到因的增盛。即指凡夫有所得之心，三乘聖者有所得之果。如說得到金子時，金非時得，因金子是物，得不是金子，僅有名而無實，故稱不相應行。

【本論】

云何無想定？謂離遍淨染，未離上染，以出離想作意為先，所有不恆行心、心法滅為性。

【今譯】

什麼是無想定？即已經離去色界第三禪遍淨天的貪欲，還未離去第四禪以上的染污心，於是加行厭離想心所之作意為先導，把前六識所有不恆行的（有間斷的）心、心所法都滅除乾淨，為其自性。

【略解】

無想定，是凡夫、外道所修的一種禪定，以滅去想念，得生無想天之果，認為無想天就是涅槃。修得無想定，以離想念為目的，寂靜微妙，身心安適，故稱無想定。而佛教認為這是屬於色界第三禪的遍淨天，只能降伏貪欲煩惱，僅屬有漏善定，滅去第六意識的煩惱，而第七、第八識煩惱還在，當出定後，煩惱又重新生起。所以佛法中，不主張修此定。無想定雖然定力高深，因沒有想心所無法啟發智慧，終不能得到解脫。

不恆行心、心法，指前六識，因有間斷，不起作用。恆行指七、八二識，從受生入胎至臨終，第七識恆執第八識為我；而第八識則恆執持根身不失壞。

《成唯識論》卷七說：「無想定者，謂有異生，伏遍淨貪，未伏上染，由出離想作意為先，令不恆行心、心所滅。想滅為首，立無想名，令身安和，故亦名定。」意思是：無想定，即凡夫有情眾生，已經離去色界第三禪遍淨天的貪欲，尚未離第四禪以上的貪欲，於是修習出離想和作意為先導，能使六識的心、心所都息滅掉。此定首先息滅的是想心所，所以立無想的名稱，因能令身體安和，所以也稱為定。

【本論】

云何滅盡定？謂已離無所有處染，從第一有更起勝進，暫止息想，作意為先，所有不恆行及恆行一分心、心法滅為性。

【釋論】

不恆行，謂六轉識。恆行，謂攝藏識及染污意。是中六轉識品及染污意滅，皆滅盡定。

【今譯】

什麼是滅盡定？即已離去無色界、無所有處的貪欲，而在之上非想非非想處的貪欲，即有頂天（無色界第四天，居三界之極頂，故稱第一有）的貪欲，暫止息想、受，以作意（止息心、心所之想）為先導，令滅去前六轉識不恆行及第七識恆行，而未能滅第八攝藏識恆行一分的貪欲，是其本性。

不恆行，即指前六轉識。恆行，即指第八攝藏識及第七染污意識。此定中只能滅盡前六轉識及第七染污意識，不能滅盡第八識，是為滅盡定。

【略解】

滅盡定是佛教聖者為止息受想勞慮所修習的禪定。修習此定的聖者，以止息想的作意，令滅去前六識不恆行及第七識恆行的貪欲。不恆行，即不恆行心、心所法，因有間斷，故稱不恆行，指前六轉識。恆行，即恆行心、心所法，指第八攝藏識及第七染污意識。其中前六轉識及第七染污意識，滅盡心、心所一切的貪欲，稱為滅盡定；因受心所亦滅，故亦稱滅受想定，身心非常的安和寂靜。及恆行一分者，因第七、第八二識都為恆行，今修滅盡定，也滅去第七識染污意，而第八藏識仍未滅，故稱恆行一分。

前六轉識或前七轉識，都稱為轉識，轉是生起之意，因前七識都以第八阿賴耶識為所依，緣色、聲等諸境而轉起，轉變苦、樂、捨等三受，轉變善、惡、無記等三性，故稱轉識。

《成唯識論》卷七說：「滅盡定者，謂有無學或有學聖，已伏或離無所有貪，上貪不定；由止息想作意為先，令不恆行、恆行染污心、心所滅，立滅盡名，令身安和，故亦名定。由偏厭受、想，亦名滅彼（受、想）定。」意思是：滅盡定，即無學聖者或有學聖者，已經伏斷或脫離無色界第三無所有處的貪欲，而自此以上的貪欲，是否伏斷或脫離則不一定；由於此定是止息想的作意為先導，使不恆行的心、心所，及恆行的污染心及心所息滅，所以立名滅盡；又因此定能使身體安和寂靜，所以稱為定。由於此定偏重於厭離受和想，所以也稱為滅受想定。

【本論】

云何無想天？謂無想定所得之果，生彼天已，所有不恆行心、心法滅為性。

【今譯】

什麼是無想天？即修無想定所證得的色界四禪第四天的果報後，所有前六識不恆行的心、心所法都已滅除，是其本性。

【略解】

無想天，亦稱無想果，是修無想定所得的一種果報，生於此天後，前六識所有的不恆行心、心所都已息滅，停止活動。

《成唯識論》卷七說：「無想天者，謂修彼定厭粗想力，生彼天中。違不恆行心及心所，想滅為首，名無想天。故六轉識，於彼皆斷。」意思是：無想天，即由於修無想定時厭惡粗想的力量，而生到無想天中；在所有不恆行心、心所，以滅想心所的活動為首，所以稱為無想天。前六轉識，在無想天中皆斷除了活動。

【本論】

云何命根？謂於眾同分，先業所引住時分限為性。

【今譯】

什麼是命根？即對於同類眾生，依過去世業力牽引，能生起今世住識的功能，執持色心不壞，使壽命有一定的期限，是其自性。

【略解】

命根，指使生命得以持續的機能，即有情眾生的壽命，從出生至死亡這一段時間內生命存在的作用。眾同分，意為同類眾生之間相同的成分，意義近同類或種類，如人與人相似，在分位上共同有五蘊的身心，這是阿賴耶識種子，依過去世業力牽引，能生今世住識的功能，執持色心不壞，使壽命有一定的期限。

《成唯識論》卷一說：「然依親生此識種子，由業所引功能差別，住時決定，假立命根。」意思是：依於第八阿賴耶識的種子，由於行為功能的差別，決定住世壽命的期限，假立命根名稱。

【本論】

云何眾同分？謂諸群生，各各自類相似為性。

【今譯】

什麼是眾同分？即一切眾生，都各各有自類相似之義，為其自性。

【略解】

眾同分，意為眾多相同的成分；一切眾生，都有自類同一相似之義，如人與人彼此相似，各類動物與各類動物相似，就是指某一種同類的眾生。眾同分有人同分、心同分、色同分等。《瑜伽師地論》卷五十二說：「云何眾同分？謂若略說，於彼彼處受生有情，同界、同趣、同生、同類、位、性、形等，由彼彼分互相似性，是名眾同分，亦名有情同分。」意思是：眾同分，如果略說，在各處受生的有情，同三界、同六趣、同四生、同種類、分位、性體、形貌等，都具彼此相似性，就稱為眾同分，也稱有情同分。

【本論】

云何生？謂於眾同分，所有諸行本無今有為性。

【今譯】

什麼是生？即同類眾生，所有諸行色、心生滅的活動，從本無今有的分位上建立，是其自性。

【略解】

色、心一切法，從本無今有，稱為生，即事物的產生和形成。

【本論】

云何老？謂彼諸行相續，變壞為性。

【今譯】

什麼是老？一切眾生於有為生滅相續的活動中，在變壞的分位上，立為老及其自性。

【略解】

事物相續逐漸地變異，身體變化為衰朽，稱為老。

【本論】

云何住？謂彼諸行相續，隨轉為性。

【今譯】什麼是住？一切眾生於有為生滅相續的活動中，在暫住不變的分位上，立為住及其自性。

【略解】事物已生之後，在因緣條件下的暫存，持續的存在，稱為住。

【本論】云何無常？謂彼諸行相續，謝滅為性。

【今譯】什麼是無常？一切眾生於有為生滅相續的活動中，會漸漸謝滅，由有到無的分位上，立為無常及其自性。

【略解】

無常，指世間一切事物的生滅遷流，變化無常；對有情而說，此處是指死，一期生命的謝滅和結束。諸行，是指事物不斷的變化和生滅。

以上生、老、住、無常，是有情生滅變化的四相，是在色、心上而假立。即生、住、異、無常（滅）四種現象，只是依據物質現象和精神現象，時間延續上表現出來的狀態差異而假立，並不存在真實的主體。

【本論】

云何名身？謂於諸法自性，增語為性。

【釋論】

如說眼等。

【今譯】

什麼是名身？名即名詞（名相），單名為名，二名合起來稱名身（身為集合義），能詮釋各種法的自性；增語者，在法體上增加名言為性。

例如說「眼」是單名，「等」，是「耳、鼻、舌、身」為增語，就稱為名身。

【略解】

名即名詞、名稱、名相，身為集聚義。名在佛學上的解釋，是隨音聲呼稱物體，使人聽聞其名後，而心中浮現物體之相，能使人生起了解之義。名或名身的作用，是能詮釋諸法的自性，即詮釋各種法的自性或本質。當人們看到或聽到某一個名時，就會想到這個法的作用。一名（單名詞），只稱為名，集合二名（雙名詞）、三名（多名詞）以上，才可稱名身。如「花瓶」，「花」字為名，再增語說「瓶」字之後，集合花和瓶二詞，就成為「花瓶」，稱為名身。例如說眼等，即單說眼是名；再增語說耳、鼻、舌、身，即為名身。因此有一名、二名、多名的差別。

明廣益《百法明門論纂》中稱：「言名身者，乃諸法各有其名，能詮自體。單名為名，如爐、瓶等。二名以上，方名名身，如香爐、花瓶等。三名以上，名多名身，如銅香爐、錫花瓶等，乃詮別名之身也。」意思是：講到名身，是指諸法各有其名，從名字上就能表達它的自性。單名，就稱為名，如爐、瓶等；二名以上，才稱為名身，如香爐、花瓶等；三名以上，稱多名身，如銅香爐、錫花瓶等，是表達名詞的集合詞。

【本論】云何句身？謂於諸法差別，增語為性。

【釋論】如說諸行無常等。

【今譯】什麼是句身？即於諸法的差別上，增加言詞以表達完整意義的句子，如說諸行無常等。

【略解】句身，是表達完整意義的句子。一句稱句，二句以上稱為句身。句或句身的作用是詮釋諸法的差別。如說「諸行無常」，諸行即是諸法，諸法都有自性，無常是差別，就成為句，可表達完整意義的句子。等，指可加說：「諸行無常，是生滅法。」就成句身。

《百法名門論纂》中稱：「言句身者，單句為句，如菩薩等。二句為句身，如大菩薩等。三句以上為多句身，如文殊菩薩、普賢菩薩等。以名詮自性，句詮差別故。」意思是：講到句子，一句稱句，如菩薩等。二句稱為句身，如大菩薩等。三句以上稱為多句身，如文殊菩薩、普賢菩薩等。其中名詞表達自性，句子表達差別。

【本論】

云何文身？謂即諸字，此能表了前二性故。亦名顯，謂名、句所依，顯了義故。亦名字，謂無異轉故。

【釋論】

前二性者，謂詮自性及以差別，顯謂顯了。

【今譯】

什麼是文身？即指（梵文等）字母，能表達名身和句身二者的性質，亦稱為顯了，為名身和句身的所依，意義顯了，不會受到轉變。

前說二性者，是指名身和句身而言，名身詮釋自體，句身詮釋差別，顯是顯明了解。

【略解】

文是文字、字母，身是集聚義，一字為文，二字為文身，三字以上為多文身，即梵文字母為構成名身和句身二者的所依，令意義顯了，不會轉變。

《百法明門論纂》中稱：「言文身者，文即是字，能為名、句二所依故。若不帶詮只名字，如字母及等韻之類，但只訓字，不能詮理。若帶前名文，則如經書字，能詮之文帶所詮之義理故。」意思是：講到文身，文是文字、字母，能為名詞和句子二者的所依。若不帶詮釋只有名詞，如字母、音韻等訓字，是不能表詮義理的。若帶有前面說的名詞、文字，如經書上的字，能詮的文字就帶有所詮的義理。

以上名身、句身、文身，是關於語言文字方面的。在文字未發明前，是先有說話聲音，都從語聲的屈曲差別而假立。在名詞、句子、文字三者之間，文字是名詞和句子的基本單位，名詞是詮釋事物的自性，句子是詮釋事物之間的不同差別；三者不即是聲又不離聲，而是依語聲而假立。《成唯識論》卷二說：「名詮自性，句詮差別，文即是字。」意思是：名詞是詮釋事物本身的自性，句子是詮釋事物的差別，文字即是名詞和句子的基礎。

人類溝通缺少不了語言文字，名、句、文三者在佛學上，是就印度梵文的形成和構造而說，有些不容易懂。如簡單用現代語說，文就是字母（文不是文章之義），如梵文天城體有四十二個字母，一個字母單稱文，兩個字母以上就稱文身（身是積聚、集合義）。名就是由一個個字母拼起來的詞（梵語稱為名），包括名詞、形容詞、動詞等，一個詞就稱名，兩個詞以上就稱名身。句是由各個詞連結起來，可表達某種意義，如說「諸行無常」，是一個句子；如再合說「諸行無常，是生滅法」，二句連起來就稱句身。

【本論】

云何異生性？謂於聖法，不得為性。

【今譯】

什麼是異生性？即凡夫眾生對聖法的義理，不能得到了解，是其本性。

【略解】

異生，是異類而生，即凡夫眾生，指不同的轉生，即五趣。異生性，意即凡夫性，凡夫眾生對聖法的義理，因為不能了解，故常在六道輪迴中受苦。

在《大乘廣五蘊論》中，只列舉以上十四種心不相應行法，但文末有「如是等」句，有說是指省略了其後十種。而在《百法明門論》中則列有二十四種。今補充其餘十種如下，亦做簡要解說。

1.流轉：色、心諸法在生滅過程中，因果相續不斷之意。

《百法明門論纂》說：「言流轉者，謂因果相續，由因感果，果續於因，前後不斷，故曰流轉。」意思是：說到流轉，是指因果的相續，由因而感果，果承續於因，前後相續不斷，故稱為流轉。

2.定異：定是決定，異是差別，指善惡因果，互相差別而又不雜亂之意。《瑜伽師地論》說：「云何定異？謂無始時來，種種因果決定差別，無雜亂性，如來出世，若不出世，諸法法爾。」意思是：什麼是定異？指從無始以來，由種種善惡因果不同，決定差別，而不互相雜亂。如來出世或不出世，一切法本來就是如此的。

3.相應：指諸法因果相應，互相不離之意，如善因感善果，惡因感惡果。《百法明門論纂》說：「言相應者，謂因果事業和合而起，以因能感果，果必應因，不相違故。」意思是：說相應者，指因果事業是由因緣和合而生起，由因而感果，果必相應因，不相違背。

4.勢速：指諸法生滅作用，甚為迅速之意。《大乘阿毘達磨雜集論》說：「謂於因果，迅疾流轉，假立勢速。」意思是：指關於因果，生滅變化，迅速流轉，假立名勢速。

5.次第：指諸法生滅流轉，有一定前後的順序之意。《瑜伽師地論》說：「云何次第？謂於各別行相續中前後次第一一隨轉，是謂次第。」意思是：什麼是次第？指對於各自生滅法在相續中，前後流轉有一一的次第。

6.時：諸法有時間相續及因果三世差別，指時間的分位。

《大乘阿毘達磨雜集論》說：「謂於因果，相續流轉，假立為時，何以故？由有因果相續轉故。若此因果，已生已滅，立過去時；此若未生，立未來時；已生未滅，立現在時。」意思是：在因果相續流轉時，假立名時（間）。為何原故？由於有因果相續流轉的緣故。若此因果已生已滅，就立為過去時；若時間未到，就立未來時；如時間已到而未滅，就立現在時。

7.方：色法存在方位之處，占有四維上下的方向，指空間的分位。

《大乘阿毘達磨雜集論》說：「方者，謂即於東西南北、四維上下、因果差別，假立為方。」意思是：即在色法遍布的地方，以及前後因果的差別，而假說有上、下、東、西等方位。

8.數：諸法有一一數量的差別，即數量的分位。

《瑜伽師地論》說：「云何數？安立顯示各別事物，計算數量差別，是名為數。」意思是：什麼是數？是在安立各別事物計算數量的差別，故名為數。

9.和合性：指諸法由眾因緣和合，互相和諧，不相乖違，是諸法的和合性。

《百法明門論纂》說：「言和合性者，謂於諸法不相乖反，和如水乳和，合如盒蓋合也。」意思是：說到和合性，即指諸法因緣的和合，不會互相乖違，和如水和乳相和，合如盒和蓋相合。

10.不和合性：指諸法因緣不和合，互相乖離，互相矛盾，是諸法的分離性。

《百法明門論纂》說：「不和合者，謂於諸法相乖反故。如眼與耳了不相觸。」意思是：不和合，是指諸法的因緣，有互相乖違的原因。如眼與耳是完全不能相接觸的。

伍、識蘊

【本論】

云何識蘊？謂於所緣，了別為性。亦名心，能採集故。亦名意，意所攝故。

【今譯】

什麼是識蘊？即八識對於所緣境，是以了別為體性；這八識亦可稱為心，因能採集一切法的善惡種子故；這八識亦可稱為意，因一切了別法，皆為意含攝，即意處所攝。

【略解】

在識蘊中包含八識，即眼識、耳識、鼻識、舌識、身識、意識、末那識、阿賴耶識。心王八識，總名識蘊。八識通於心、意、識三者，同體而異名，即八識都可以稱為心，也可以稱為意，也可以稱為識。然而三者意義各別，集起名為心，即第八阿賴耶識，能集起諸法種子生起現行。思量名為意，即第七末那識，恆常地對境思量。了別名為識，即前六識，有了別境界的功能。僧伽跋陀羅（眾賢）在他的《阿毘達磨順正理論》卷十一稱：「心、意、識三，體雖是一，而訓詞等義類有異，謂集起故名心，思量故名意，了別故名識。」意思是：心、意、識體性雖然是一，而依詞義解釋則有不同，即集起稱為心，思量稱為意，了別稱為識。

前六識可合為一組，稱為了別境識，它們是依根而緣境，能生起了別外境的作用，即眼、耳、鼻、舌、身、意六根，緣色、聲、香、味、觸、法六境，生起眼、耳、鼻、舌、身、意六識。前五識都以五根為所依，以五境為所緣，根境相對而生識，以吸取外界資訊；而第六意識所依的根，是第七末那識，意識所緣的是法境，即世、出世間一切法。

第七末那識，梵語中譯為意，為了避免與第六識相混淆，所以第六識用意譯，第七識用音譯。二識雖然同名為意，但意義不同，第六識是依意根生起之識，第七識意的本身就是識。《成唯識論》卷四說：「此名何異第六意識？此持業釋，如藏識名，識即意故。彼依主釋，如眼識等，識異意故。」意思是：此第七末那識譯為意識，其與第六意識有何差別？此第七識，是以意為識體，識為意用（末那識本身保持思量的功能，體性即具有了別作用），屬於（以體持用的）持業釋，就如藏識一樣，藏即是識。而第六意識是依意根為主（第六識為能依，第七識為所依），就像依眼根引發眼識等一樣，這識和意是有差別的，此屬於依主釋。

第七末那名為意，《成唯識論》卷五說：「恆審思量，正名為意。」第七末那識以第八識為所依，緣第八識的見分為自我，而且恆時審慮思量，無有間斷。第六意識也有思量作用，但有間斷，非恆審思量；第八識自無始以來，任運相續，是恆而不審；前五識是非審而又不恆。唯有第七識是恆常的、不間斷的審慮思量，念念執著第八識為我。

【本論】

若最勝心，即阿賴耶識，此能採集諸行種子故。又此行相不可分別，前後一類相續轉故。又由此識從滅盡定、無想定、無想天起者，了別境界轉識復生，待所緣緣差別轉故。數數間斷，還復生起，又令生死流轉迴還故。

【今譯】

若就最勝心說，即指第八阿賴耶識，此識能聚集一切法的善惡種子。又此識在緣取境界（根身）時，行相極其微細，難於分別了知，前滅後生都是恆常一類相續生起，而不間斷。又此阿賴耶識在入了滅盡定、無想定、生到無想天上（前六轉識都不現起，但種子含藏於阿賴耶識中），當此識從定起時（出定），了別境界的前六轉識又生起來（都要以阿賴耶為根本依才能再生起）。而前六轉識的生起，皆須待各別不同的所緣境才能生起（如眼識待所緣色境而起，耳識待所緣聲境而起，乃至意識待所緣一切法境而起；如果沒有阿賴耶識就不能生起）。數數間斷還復生起者，指前六轉識（不是恆行心、心所，皆有間斷，如重睡、昏厥等），雖有間斷，仍可以再生起（因為有六根對所緣六境，六識就會生起）。又令生死流轉迴還故，即前六識造作善惡業，（加上第七識執我與四煩惱相應）而使令第八阿賴耶識生死輪迴，不得出離。

【略解】

阿賴耶識在緣境時，前後都是一類相續生起，如從人的一期生死而言，自初入胎由此識執持身心，直至命終，都在不間斷的變易，令不失壞。

由於第八阿賴耶識，在入了滅盡定後，已出離無色界無所有處，令心、心所漸漸細微，能伏斷前六識所有不恆行及第七識恆行的染污心煩惱。以及外道入了無想定，生到無想天，能滅去前六識，已無心識的活動，但不是死去。當在出定時，或從無想天死了（從無想定退）又再生，因有第八阿賴耶識微細地執持根身器界故，都要依靠第八阿賴耶識為根本依，待各別不同的所緣境而生起。如眼緣色境，耳緣聲境，乃至意緣法境等。

無想定與滅盡定，二者都稱無心定，是滅去前六識及其相應的心所法。但二者的差別，滅盡定更能滅除第七識的染污心，是聖者厭離散亂心而入此無心定，進入近似涅槃之殊勝境界。而無想定是不能滅除第七染污心，是為外道所修習，暫離粗顯之無心定，能生得無想天之果報，但第七染污心仍還存在。

數數間斷，還復生起；又令生死流轉迴還故：前六識緣取各別境界時，它是常常間斷的，但會再生起的。如人深睡、昏厥、暫停呼吸等，非是死去，仍可醒來，因有第八阿賴耶識微細地執持根身器界故。但因前六識不斷的造業，使令第八阿賴耶識常在生死流轉迴還（輪迴），而不間斷。

心王八識，第八阿賴耶識稱根本識，前七識稱轉識。前七識依第八阿賴耶識為所依，緣色、聲等境而轉起，即由第八識的種子轉變而來，而成為現行的，正在發生變現與了別境相作用的心識，對第八識有能熏的作用。

【本論】

阿賴耶識者，謂能攝藏一切種子，又能攝藏我慢相故，又復緣身為境界故。又此亦名阿陀那識，執持身故。

【今譯】

第八阿賴耶識，能攝藏前七識一切法的善惡種子。又第七識恆執第八識見分為我，而起我慢相（我慢就是執著我的存在）。又第八阿賴耶識一味執持根身為自體，及以根身為其所緣境，令生命繼續存在而不失壞。又此亦名阿陀那識者（即二乘證入無學位後），已捨阿賴耶識之名，而稱為阿陀那識，能相續執持此根身故。

【略解】

第八阿賴耶識，譯為藏識，有能藏、所藏、（我愛）執藏三義。若就阿賴耶識能攝藏一切種子說，種子含藏在阿賴耶識裡，第八識為能藏，前七識熏成的種子為所藏。若就前七識雜染種子藏於第八識說，前七識為能藏，第八識為所藏。但因第七末那識，恆時相續不斷地緣取第八識見分，執著為實我而生起我慢，有一種我永遠存在的要求，所以阿賴耶識譯為藏識，雖有三義，而以執藏義為主。

阿賴耶識的三藏

三藏
- 能藏
  - 能藏（持種）——第八識
  - （所藏——種子）
- 所藏
  - （能藏——七轉識）
  - 所藏（受熏）——第八識
- 執藏
  - （能執藏——第七識）
  - 所執藏（我愛執藏）——第八識

依據窺基《成唯識論述記》卷二稱，阿賴耶識體有自相、因相、果相三種，分為三位，因而第八識就以三名配合三位說：

1.我愛執藏（現行）位：即第八識的自相，因第八識自無始以來，恆被第七識執為我，故名我愛執藏現行位；自凡夫以至七地菩薩，或二乘有學聖者，皆屬此位所攝，名為阿賴耶識；至八地以上菩薩及二乘無學，已滅除第七識我執，才捨棄阿賴耶識之名。

2.善惡業果位：即第八識果相，因第八識係由無始以來的善惡業所招感的異熟果，故名善惡業果位；由凡夫至二乘無學聖者及大乘十地菩薩，皆為此位所攝，稱為異熟識。到了佛果位，不受有漏業之招感，才捨棄異熟識之名。

3.相續執持位：即第八識的因相，因第八識執持色心的萬法種子以及五根身的相續不失壞，故名相續執持位。此位通至佛果及盡未來際，但在佛果位是以正智執持無漏種子，就稱為阿陀那識。

無著《阿毘達磨集論》卷一說：「云何建立識蘊？謂心、意、識差別。何等為心？謂蘊、界、處習氣所熏。一切種子阿賴耶識。亦名異熟識。亦名阿陀那識以能積集諸習氣故。」意思是：為什麼要建立識蘊呢？是為說明心、意、識三者差別。心是什麼？即眾生於蘊、界、處中，受到習氣（行為或業的潛在影響力）所熏，阿賴耶識能積集諸法種子，此識亦名異熟識，亦名阿陀那識，因能積集諸習氣種子故。

第八識的三名三位

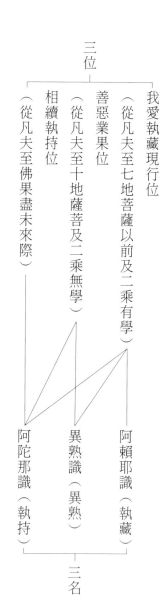

三位
- 我愛執藏現行位（從凡夫至七地菩薩以前及二乘有學）
- 善惡業果位（從凡夫至十地菩薩及二乘無學）
- 相續執持位（從凡夫至佛果盡未來際）

三名
- 阿賴耶識（執藏）
- 異熟識（異熟）
- 阿陀那識（執持）

【本論】

最勝意者，謂緣藏識為境之識，恆與我癡、我見、我慢、我愛相應，前後一類相續隨轉，除阿羅漢、聖道、滅定現在前位。

【今譯】

最勝意者，指第七末那識最殊勝，在緣取執著第八識見分，恆常與我癡、我見、我慢、我愛四煩惱相應，一切時前後一類恆與阿賴耶識相續生起。但除了證入阿羅漢、聖道、滅盡定現前位，方能伏斷。

【略解】

最勝意者，八識都可稱為意，但以第七識稱為意最殊勝，故說最勝意。因第七識於一切時皆緣取執著第八藏識的見分為我、我所，以思量為自性。緣藏識為境之識者，是指第七識緣取藏識為所依自體，故說緣藏識為境之識。此識恆常與我癡、我見、我慢、我愛四煩惱相應，於一切時前後微細地一類相續隨轉，不斷生起。除了現前證入阿羅漢、聖道、滅盡定果位者，因第七染污意的現行種子皆已斷盡，稱為斷位。聖道，即修學無漏道者，第七識相應的煩惱，無始時來，仍微細地一類相續而轉，在有漏道不能伏滅，唯無漏心生起，才能伏滅。入滅盡定者，極其寂靜，亦能滅第七染污意。證無漏聖道和入滅盡定，二者稱為伏位。除了阿羅漢、無漏聖道、入滅盡定三者修證果位現前，能伏斷第七染污意，否則總是相續隨轉。

無著《大乘阿毘達磨集論》卷一說：「何等為意？謂一切時緣阿賴耶識，思度為性。與四煩惱恆相應。謂我見、我愛、我慢、無明。此意遍行一切善、不善、無記位。唯除聖道現前，若處滅盡定及在無學地，又六識以無間滅識為意。」意思是：意是如何呢？即第七末那識（意），在一切時都緣取第八阿賴耶識見分為我，以思量推度為性。恆時與我見、我愛、我慢、無明（我癡）四煩惱相應，末那識遍通一切善、不善、無記三性。唯除現前聖道位、滅盡定果位及阿羅漢果無學位。又第六意識是無間滅，即現意識落謝過去，不間斷的又生起現意識（不間斷地前念滅後念又生），而是以第七末那識意根為所依。

前說第八識稱心為集起義，第七識稱意為思量義，而前六識則稱識，以了別為義。《大乘阿毘達磨集論》卷一說：「何等為識？謂六識身，眼識、耳識、鼻識、舌識、身識、意識。何等眼識？謂依眼緣色了別為性。何等耳識？謂依耳緣聲了別為性。何等鼻識？謂依鼻緣香了別為性。何等舌識？謂依舌緣味了別為性。何等身識？謂依身緣觸了別為性。何等意識？謂依意緣法了別為性。」意思是：什麼是識？即指六識：眼識、耳識、鼻識、舌識、身識、意識。什麼是眼識？即依眼識緣色境，以了別為性。什麼是耳識？即依耳識緣聲境，以了別為性。什麼是鼻識？即依鼻識緣香境，以了別為性。什麼是舌識？即依舌識緣味境，以了別為性。什麼是身識？即依身識緣觸境，以了別為性。什麼是意識？即依意識緣法境，以了別為性。

【釋論】

如是六轉識及染污意、阿賴耶識，此八名識蘊。

【今譯】

如上前六轉識，及第七染污意、第八阿賴耶識，這八識就稱為識蘊。

【略解】

六轉識：六識，就是眼、耳、鼻、舌、身、意六識。轉是生起的意思，即六識是依阿賴耶識、依末那識而起，所以稱為六轉識。染污意：指第七末那識，因為這個意恆與我癡、我見、我慢、我愛相應，所以稱為不清淨的染污意。再加上生命存在的主體阿賴耶識，合八個識成為識蘊。

八識與五十一心所相應表

八識相應心所表

- 前五識
  - 1.遍行五
  - 2.別境五
  - 3.善十一
  - 4.根本煩惱中之貪、瞋、癡
  - 5.中隨煩惱中之無慚、無愧
  - 6.大隨煩惱中之掉舉、昏沉、懈怠、不信、放逸、失念、散亂、不正知
  - 34
- 第六識
  - 五十一心所全與相應
  - 51
- 第七識
  - 1.遍行五
  - 2.別境中之慧
  - 3.根本煩惱中之貪、癡、我見、我慢
  - 4.大隨煩惱中之掉舉、昏沉、懈怠、不信、放逸、失念、散亂、不正知
  - 18
- 第八識
  - 遍行五常與相應
  - 5

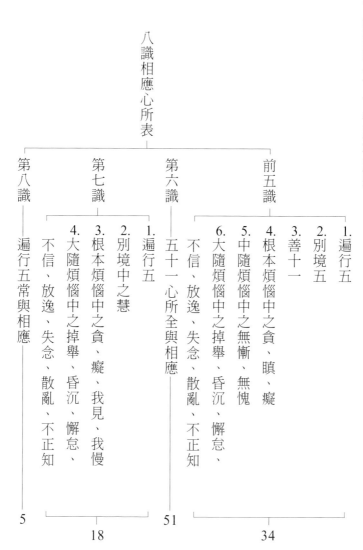

陸、蘊處界三科

佛說蘊、處、界，綜合一切法，佛學上一般稱為三科❶。把一切法分為三科的理由，《阿毘達磨俱舍論》卷一說：「愚、根、樂三故，說蘊、處、界三。」即依愚者的差別，為愚於心所者細別心所而說五蘊，為愚於色法者細別色法而說十二處，為愚於色、心

❶三科：佛法分析「一切法」（一切事物的存在），常以五蘊、十二處、十八界（簡稱蘊、處、界）來分析，其涵義說明如下：

五蘊：分析存在的構成要素，由色、受、想、行、識五要素構成，在個人方面，包括身與心，就普遍而言，包括物質與精神。

十二處：討論認識的構成要素，即六根與六境。包括認識的主觀能力之六根（眼、耳、鼻、舌、身、意），客觀對象之六境（色、聲、香、味、觸、法）共計十二種。

十八界：詳加討論認識的構成要素，即六根、六境、六識，包括認識的主觀能力之六根（眼、耳、鼻、舌、身、意），客觀對象之六境（色、聲、香、味、觸、法），認識內容之六識（眼識、耳識、鼻識、舌識、身識、意識），共計十八種。

二法者細別色、心二法而說十八界。依根機的利鈍，為利根者說五蘊，為中根者說十二處，為鈍根者說十八界。依樂欲的不同，為欲略者說五蘊，為欲中者說十二處，為欲廣者說十八界。

一、蘊

【本論】

問：「蘊為何義？」答：「積聚是蘊義，謂世間相續、品類、趣處差別色等，總略攝故。」

【釋論】

如世尊說：「比丘，所有色，若過去，若未來，若現在，若內若外，若粗若細，若勝若劣，若近若遠，如是總攝為一色蘊。」

【今譯】

問：「蘊是什麼意思？」答：「蘊是積聚義，即世間有情、無情、一切諸法種類，五趣人天等，雜居一處，生滅相續不斷，而有種種差別，總略攝為一色蘊。」

如世尊所說：「比丘們！所有一切色法，包括無常已滅的過去色，未生的未來色，已生未謝的現在色，自身的名內色，其餘的名外色，有對色是粗，無對色是細，染污色名劣，不染污色名勝，過去、未來色名遠，現在色名近，以上所有的一切色，可以總略概括的攝為一色蘊。」

【略解】

一切色法（物質）的聚集，稱為色蘊。色法，有質礙、變壞、方所示現等義。在本論前面色蘊中依不同的性質分為二類：一、四大種及大種所造色；地、水、火、風四大種為能造色，滑、澀、重、輕、冷、飢、渴等為所造色。二、五根（眼、耳、鼻、舌、身）、五境（色、聲、香、味、觸）、無表色；五根為眼、耳等五識之所依，五境為眼、耳等五根所取之境界。

色蘊如此說，其餘受、想、行、識四蘊定義也是如此。如佛講受蘊說：「比丘，諸所有受，若過去，若未來，若現在，若內、若外……。」

二、處

【本論】

復有十二處：謂眼處、色處、耳處、聲處、鼻處、香處、舌處、味處、身處、觸處、意處、法處。眼等五處及色、聲、香、味處，如前已釋。觸處謂諸大種及一分觸。意處即是識蘊。法處謂受、想、行蘊，並無表色等，及諸無為。

【今譯】

又有十二處：即是眼處、色處、耳處、聲處、鼻處、香處、舌處、味處、身處、觸處、意處、法處。其中眼、耳、鼻、舌、身的五處，及色、聲、香、味的四處，在前文中已作過解釋了。觸處，即指能造的四大種及所造觸一分的各種觸。意處，即指小乘以六識為意處，大乘則以八識都屬意處所攝。法處，兼攝有為法和無為法；有為法，攝受、想、行三蘊及無表色等，以及法處也攝諸無為法。

【略解】

觸處，觸有能觸、所觸二種；能觸中又分二：一心所法，二身根；心所法為法處所攝，身根為身處所攝。所觸中亦分二：一能造四大種，二所造觸，即色蘊中所說的觸，在能觸、所觸中，只取所觸；在所觸中，只取所造觸。現在於此觸處，在能觸、所觸中，也只取所觸；而在所觸中，兼取能造四大種，故說諸大種。一分觸者，即所造觸的各種觸。

【本論】

云何無為❷？謂虛空無為、非擇滅無為、擇滅無為及真如等。

❷無為法：無為法不為因緣、條件等所生，無生滅變化，是指涅槃、真如、實相等。無為法，部派佛教立有九種，唯識學派立有六種；但此論立有四種。

【今譯】

什麼是無為法？指虛空無為、非擇滅無為、擇滅無為及真如無為等。

【略解】

無為法相對的是有為法。有為法指被造作的事物，依種種因緣、條件而成，具有生、住、異、滅四相的特徵。相對而言，不生、不住、不異、不滅，不由因緣、條件而成，永遠不變而絕對存在的真理，則稱無為法。一般以五蘊為有為法，唯識宗百法中，有為法占九十四種，無為法只有六種。

【本論】

虛空者，謂容受諸色。

【今譯】

虛空者，指真如之理猶如虛空，能容受各種色法。

【略解】

虛空無為：由修無我觀所顯的真理，離去一切色、心等諸法障礙，無可造作，不由因緣和合而成，猶如虛空，故稱虛空無為。窺基《大乘百法明門論解》卷下稱：「言虛空無為者，謂於真諦離諸障礙，猶如虛空，豁空離礙，從喻得名。」意思是：講到虛空無為，是對絕對不二的真理而言，離去一切障礙，猶如虛空，寬廣無礙，離諸質礙執著，是從喻得名。

【本論】

非擇滅者，謂若滅非離繫。云何非離繫？謂離煩惱對治諸蘊畢竟不生。

【今譯】

非擇滅者，指離去諸煩惱繫縛，是不需用智慧揀擇力，由於缺乏生起諸法之緣。非離繫是什麼意思？指已離去諸煩惱繫縛，能對治不再感受五蘊的身心，畢竟不生不滅。

【略解】

非擇滅者，不需用智慧揀擇力，而滅除諸煩惱繫縛，所證得的無為法，因為真如自性清淨及緣缺所顯。《成唯識論》卷二說：「不由擇力，本性清淨，或緣缺所顯，故名非擇滅。」意思是：不用由智慧揀擇力，因為本性就是清淨，或者由於緣缺（不需要因緣）所顯，所以稱為非擇滅。

【本論】

云何擇滅？謂若滅是離繫。云何離繫？謂煩惱對治諸蘊畢竟不生。

【今譯】

什麼是擇滅？指若要滅除煩惱繫縛，需用無漏智慧的揀擇力。離繫是什麼意思呢？指離去煩惱繫縛，能對治不再感受五蘊的身心，畢竟不生不滅。

【略解】

擇滅無為，需用無漏智慧揀擇力，滅除諸煩惱繫縛，證得涅槃。《成唯識論》卷二說：「由揀擇力滅諸雜染，究竟證會，故名擇滅。」意思是：需要由智慧的揀擇力，滅除一切煩惱的雜染，才會證得真如涅槃，故稱擇滅無為。

【本論】

云何真如？謂諸法法性，法無我性。

【今譯】

什麼是真如？即諸法的法性，真如實相，已離於我執和法執，故稱法無我性。

【略解】

真如即諸法的法性、實相；不妄為真，不顛倒不變易為如。諸法的法性，即真如實相，常住不滅。《成唯識論》卷九說：「真謂真實，顯非虛妄，如謂如常，表無變易。」意思是：真是真實，顯示不是虛妄，如是如常，表示沒有變易。

除以上四種無為，六無為之中，尚有不動無為和想受滅無為，略解如下：

1.不動無為：在色界四禪天以上，不為苦受、樂受動搖身心，只存捨念清淨，這稱為不動無為。《大乘百法明門論疏》卷下：「第四靜慮以上唯有捨受現行，不為苦、樂所動，故名不動。」意思是：修習禪定進入第四禪以上，只有捨受現行，心地保持平等，不為苦、樂等事所動搖，故稱不動無為。

2.想受滅無為：修習滅盡定，進入無色界非想非非想處，已經出離一切想心所和受心所，不起現行活動，這稱為想受滅無為。《大乘百法明門論解》卷下：「無所有處想受不行，所顯真理，立此名爾。」意思是：指修習無色界第三無所有處定，滅除受想之活動不起現行，而顯的真理，故立此名稱。

【本論】

問：「處為何義？」答：「諸識生長門是處義。」

【今譯】

問：「處為何義？」答：「處為諸識生長之處所的意思（門為處所意）。」

十二處表解

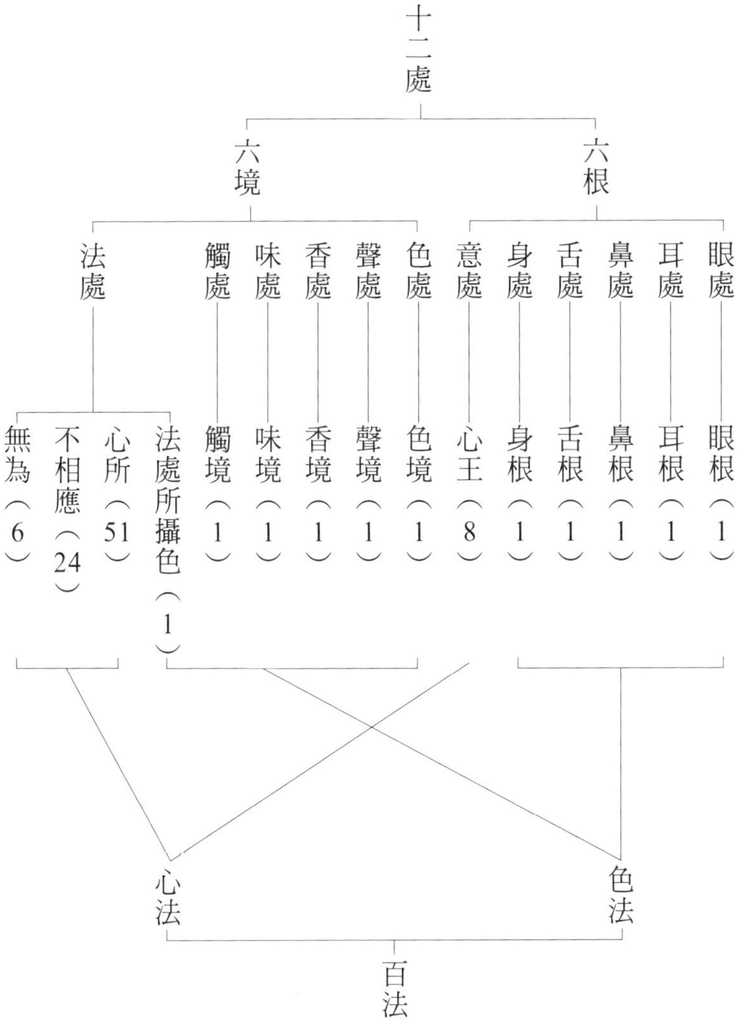
十二處
六根
六境
眼處
耳處
鼻處
舌處
身處
意處
色處
聲處
香處
味處
觸處
法處
眼根（1）
耳根（1）
鼻根（1）
舌根（1）
身根（1）
心王（8）
色境（1）
聲境（1）
香境（1）
味境（1）
觸境（1）
法處所攝色（1）
心所（51）
不相應（24）
無為（6）
色法
心法
百法

【略解】

十二處，是諸識生長之處所，為心法和心所法產生和成長的處所；六根是心法和心所法的所依，六境是心法和心所法的所緣。《俱舍論》卷一解釋「處」義說：「心、心所法生長門義是處義。」

十二處可攝盡五位百法：眼、耳、鼻、舌、身五處攝色法中的眼等五根；意處攝八識心王；色、聲、香、味、觸五處攝色等五境；法處攝法處所攝色、五十一個心所、二十四個不相應行法、六無為法。

三、界

【本論】

復有十八界：謂眼界、色界、眼識界、耳界、聲界、耳識界、鼻界、香界、鼻識界、舌界、味界、舌識界、身界、觸界、身識界、意界、法界、意識界。

【今譯】

又有十八界：指眼界、色界、眼識界、耳界、聲界、耳識界、鼻界、香界、鼻識界、舌界、味界、舌識界、身界、觸界、身識界、意界、法界、意識界。

【略解】

因為人們有六根，外有六境，由六根緣六境，就生起六識，合為十八界。此處是將三個有關聯的排列成一組，即「眼界、色界、眼識界……意界、法界、意識界」，合起來也是十八界，這合乎「依眼等根，緣色等境，生眼等識」的講法。

【本論】

眼等諸界及色等諸界，如處中說。六識界者，謂依眼等根，緣色等境，了別為性。意界者，即彼無間滅等，為顯第六識依止及廣建立十八界故。

【今譯】

眼、耳、鼻、舌、身等五界，及色、聲、香、味、觸、法六界，此十一界已如十二處中解說。六識界者，指依眼根等，緣取色境等，以了別為自性。意界者，即彼無間滅等，彼指意識，無間滅者，是現意識落謝過去、不間斷地又生起現意識，無間滅意，即為現意識的能生因；等，指七、八二識，為第六識所依止，即意根界（意界或意根界，是專指無間滅意及七、八二識），因此能廣建立十八界。

【略解】

無間滅意是什麼意義？即八識中的前六識，是剎那剎那生滅的，前一剎那滅去後，後一剎那又生起，必須依止前面滅去無間滅的意根。但前五識除了依止無間滅意外，還要依止各自的淨色根；而意識只依止無間滅意，即是意根或意界。無間滅意及七、八二識，都攝在意界內。

【本論】

如是色蘊即十處、十界及法處、法界一分。識蘊即意處及七心界。餘三蘊及色蘊一分，並諸無為，即法處、法界。

【今譯】

如是蘊、處、界三科。在色蘊中，是包括十處、十界（眼等五根、色等五境）及法處、法界的一分無表色。識蘊即意處及七心界（六識界、意界）。其餘受蘊、想蘊、行蘊及色蘊中的一分無表色，還有諸無為法，皆屬法處、法界所攝。

【略解】

上面是分開來解說，現在是將蘊、處、界歸類合起來講。

在色蘊裡十處（五根和五境），在處裡是十種處，在界裡是十種界。無表色又稱法處所攝色，在法處和法界裡也叫色，所以說是法處、法界的一分。

識蘊在十二處裡是意處，在十八界裡稱七心界（意界、六識界）。

其他受、想、行三蘊，色蘊的一分（無表色）、無為法，攝於法處、法界。

【本論】

問：「界為何義？」答：「任持、無作用性自相是界義。」

【今譯】

問：「界為何義？」答：「界有任持、種子自相不失的功用，是界義。」

【略解】

界有任持和種子二義，十八界各能維持自己的自相，使不零亂，是能持義；阿賴耶識中儲藏的種子，具有產生各種事物的功能，是種子義；無作用性自相，是指種子而言；根、境、識相對，能保持種子相續不失，此為界義。

十八界可攝盡五位百法。眼、耳、鼻、舌、身五界攝眼等五根。意界攝七、八二識。色、聲、香、味、觸五界攝色等五境。法界攝法處所攝色、五十一個心所法、二十四個不相應行法、六無為。眼識等六界攝眼等六識。

五蘊（百法）十二處十八界相攝關係表

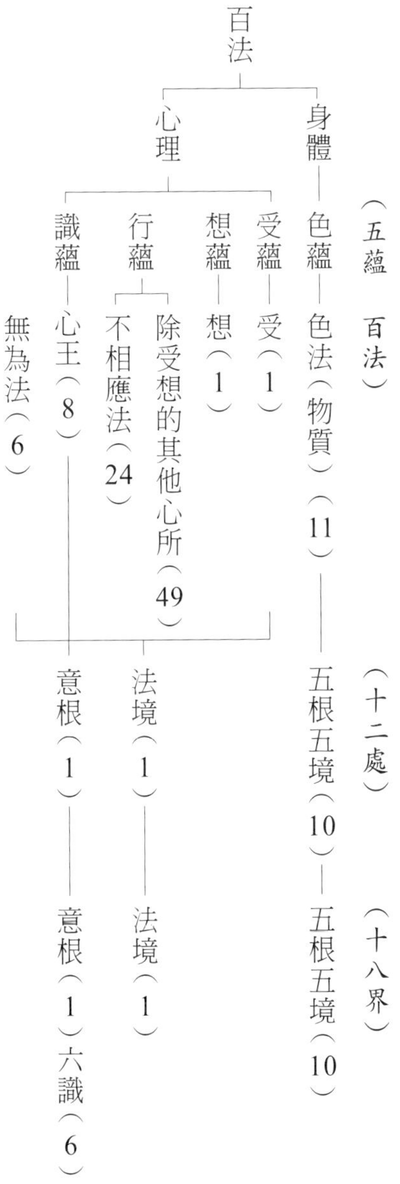

【本論】

問：「以何義故說蘊、界、處等？」答：「對治三種我執故，所謂一性我執、受者我執、作者我執。如其次第。」

【今譯】

問：「以什麼意義，而說蘊、處、界三科？」答：「是為對治三種我執，即：一性我執、受者我執、作者我執。這是三科的次第。」

【略解】

說蘊、處、界三科，是為對治三種我執：

1. 一性我執：是對治執著我為實體的眾生，佛就說五蘊法。一是一分，如說五蘊中的受是我，那麼想就不是我；說想是我，那麼行就不是我。為對治執著我為實體的一性我執，說五蘊法只是色、受、想、行、識而已，並沒有一個真實我。

2. 受者我執：有人以為我是受者，是受苦、受樂、受業報。佛為說十二處法，不過是六根、六境而已，那有一個實際的我可受？這是破除受者我執。

3. 作者我執：印度外道們執著我為作者，作用的主體。有認為我是受報的，不造業的；有認為我能造種種善惡業的。佛為說十八界，法法是無作用、任持自性，那有作者？

四、十八界與十二門分別❸

【本論】

復次，此十八界，幾有色？謂十界、一少分，即色蘊自性。幾無色？謂所餘界。

【今譯】

再次，在此十八界中，幾界是有色？即十界及法界的一分，它們各具有色蘊的自性。幾界是無色？即其餘的各界。

❸十二門分別：此論依佛說蘊、處、界，綜合一切法，加以分類，稱為「法門分別」，意思是依入佛法之門而分別。蘊是略說，處是中說，界是廣說。今依廣說十八界以十二類（十二門）來分別解說。

【略解】

有色無色門：五根、五境的十界及法界的一分法處所攝色為有色，此色蘊中的十界，各各具有色蘊的自相，故稱色蘊自性，就是五蘊中的色蘊。其餘的眼等六界、意界、法界的一分為無色。

【本論】

幾有見？謂一色界。幾無見？謂所餘界。

【今譯】

（十八界中）幾界是有見？即一色界（色境）。幾界為無見？即其餘的各界。

【略解】

有見無見門：色界中顯色四種、形色二十種、表色八種，共三十二種為有見，即眼所緣的境，可見到，為有見，其餘十七界為無見，不可見到。

【本論】

幾有對？謂十色界，若彼於此有所礙故。幾無對？謂所餘界。

【今譯】

（十八界中）幾界是有對？即五根五境的十界，因彼對此有所阻礙。幾界是無對？即其餘的各界。

【略解】

有對無對門：五根、五境的十色界，在諸色中，彼此能所互相有阻礙，為有對；所餘六識界、意界、法界，為無對。

【本論】

幾有漏？謂十五界及後三少分，謂於是處煩惱起故，現所行處故。幾無漏？謂後三少分。

【今譯】

（十八界中）幾界是有漏？即五根、五境、五識的十五界，及後三界中的少分，因這三處有煩惱的生起，是成為煩惱現起來所行的境界。幾界是無漏？即後三界中的少分。

【略解】

有漏無漏門：五根、五境、五識的十五界，及其後意界、法界、意識界的少分，此三者通有漏和無漏，通有漏的一邊，故稱少分，能生起煩惱，為有漏；通於無漏的一邊，也稱少分，無有煩惱，為無漏。

【本論】

幾欲界繫？謂一切。幾色界繫？謂十四，除香、味及鼻、舌識。幾無色界繫？謂後三。幾不繫？謂即彼無漏。

【今譯】

欲界中有幾種（貪等）煩惱繫縛？十八界中皆具有。色界中有幾種（貪等）煩惱繫縛？在十八界中有十四種，即除去香、味二境及鼻、舌二識。無色界中有幾種（貪等）煩惱繫縛？即後三界（通有漏的一分）。有幾種沒有（貪等）煩惱繫縛？即（後三界）通無漏的一分。

【略解】

繫不繫門：繫是繫縛，指為貪等煩惱繫縛。欲界繫一切，即十八界都繫；色界繫十四，即除去香境、味境、鼻識、舌識；無色界繫後三，即意界、法界、意識界，為有繫。因離色欲才得生無色界，所以無色界中無五根、五境、五識。後三界亦通無漏，為不繫。

【本論】

幾蘊所攝？謂除無為。幾取蘊所攝？謂有漏。

【今譯】（在十八界中）幾界為蘊所攝？即（在法界所攝法中）除去六無為。幾界為五取蘊所攝？即有漏（十五界及後三少分）。

【略解】蘊取蘊分別門：除六無為法外，一切有為法都為蘊所攝；十五界及後三少分為五取蘊所攝。

【本論】幾善？幾不善？幾無記？謂十通三性，七心界、色、聲及法界一分；八無記性。

【今譯】（在十八界中）幾界是善性？幾界是不善性？幾界是無記性？有十種通三性，指七心界（六識界及意界）、色界、聲界，及法界一分。八種是無記性（五根及香、味、觸）。

【略解】

三性分別門：七心界，即是六識界及意界，加上色界、聲界、法界少分，此十界通三性。五根及香、味、觸，此八界通無記性。這裡為什麼說色界和聲界通三性呢？因為色屬身業，聲屬語業，所以通三性。五根是前生業報所感，現在是無記法；香、味、觸中沒有善和惡，所以是屬無記法。

【本論】

幾是內？謂十二，除色、聲、香、味、觸及法界（一分）。幾是外？謂所餘六。

【今譯】

（在十八界中）幾界是內？有十二界，即除去色、聲、香、味、觸及法界一分。幾種是外？即其餘六界。

【略解】

內外分別門：有十二界，即指六根、六識，除去的色、聲、香、味、觸及法界一分，是為內；其餘的六界（六境），是為外。

【本論】

幾有緣？謂七心界及法界少分，心所法性。幾無緣？謂餘十及法界少分。

【今譯】

（在十八界中）幾界是有所緣？即七心界及法界少分所攝相應諸心所法。幾是無所緣？即其餘十種及法界少分所攝不相應諸心所法。

【略解】

有緣無緣分別門：緣是緣慮，七心界的六識界和意界，及法界所攝的少分相應心所，有緣慮作用，是有緣；十色界（五根、五境）及法界所攝的少分不相應心所，無緣慮作用，是無緣。

【本論】

幾有分別？謂意識界、意界及法界少分。

【今譯】

（在十八界中）幾界是有分別？即意識界、意界，及法界少分。

【略解】

有無分別門：謂意識界、意界及法界的少分，為有分別；其餘為無分別。眼等前五識，也是有分別的，但在這裡歸於無分別，佛學上稱為「自性分別」，是一種直覺上的了知。

【本論】

幾有執受？謂五內界及四界少分，謂色、香、味、觸。幾非執受？謂餘九及四少分。

【今譯】

（在十八界中）幾界為有執受？即五內界（五根）及四界少分，指色、香、味、觸。幾界為無執受？即其餘九種（六識界、意界、法界、聲界）及四界少分（色、香、味、觸）。

【略解】

執受非執受分別門：能生苦樂的為執受，反之為非執受。眼、耳、鼻、舌、身五根，及色、香、味、觸的一分，屬內，為有執受；餘九，即六識界、意界、法界、聲界，及色、香、味、觸的少分，為無執受。

此處色、香、味、觸四界少分，是屬內扶根塵，被第八識攝為自體，能生苦樂，所以是有執受；而聲界但為境界，不被第八識攝為自體，不生苦樂，所以是非執受。其餘七心界（六識界、意界）、法界、聲界，及色、香、味、觸少分屬外，因為七心界不被第八識攝為自體，而法界只為意識所緣之境，所以都是非執受。

【本論】

幾同分？謂五內有色界，與彼自識等境界故。幾彼同分？謂彼自識空時，與自類等故。

【今譯】

（在十八界中）幾界為同分？即五內色界（五根），與五根各自之五識所緣境。幾界為彼同分？即根、境、識三者，僅相互交涉，而不實現其各別之自業作用（自識空時），就稱為彼同分。

【略解】

同分彼同分分別門：同分即同類。根、境、識三者，互相交涉，各別實現其自業之作用，各別完成其任務，名為同分。例如，眼根之自業為取色境，眼識之自業為緣色境，而色境之自業為眼根及眼識所取；三者相互交涉，各別實現其自業，這稱同分。根、境、識三者，若僅相互交涉，而不實現其各別之自業（自識空時），就稱為彼同分。例如眼睛不看，此時眼識也不生起，只有眼根自類相等，與眼識不同境界，這稱彼同分。

五內有色界者，即指五根各自生識（如眼根與眼識為自）；境界，指五根、五識各自的所緣境；等，是說根與自識等同境界。

——附錄一——

大乘五蘊論

世親菩薩造
三藏法師玄奘奉詔譯

如薄伽梵略說五蘊：一者色蘊，二者受蘊，三者想蘊，四者行蘊，五者識蘊。

云何色蘊？謂四大種及四大種所造諸色。

云何四大種？謂地界、水界、火界、風界。云何地界？謂堅強性。云何水界？謂流濕性。云何火界？謂溫燥性。云何風界？謂輕等動性。

云何四大種所造諸色？謂眼根、耳根、鼻根、舌根、身根、色、聲、香、味、所觸一分、無表色等。

云何眼根？謂色為境，清淨色。云何耳根？謂聲為境，清淨色。云何鼻根？謂香為境，清淨色。云何舌根？謂味為境，清淨色。云何身根？謂所觸為境，清淨色。

云何為色？謂眼境界，顯色、形色及表色等。云何為聲？謂耳境界，執受大種因聲、非執受大種因聲、俱大種因聲。云何為香？謂鼻境界，好香、惡香及所餘香。云何為味？謂舌境界，甘味、醋味、鹹味、辛味、苦味、淡味。云何為所觸一分？謂身境界，除四大種，餘所造觸。滑性、澀性、重性、輕性、冷、飢、渴等。

云何名為無表色等？謂有表業及三摩地所生色等，無見無對。

云何受蘊？謂三領納：一苦、二樂、三不苦不樂。樂謂滅時有和合欲；苦謂生時有乖離欲；不苦不樂謂無二欲。

云何想蘊？謂於境界取種種相。

云何行蘊？謂除受、想諸餘心法及心不相應行。

云何名為諸餘心法？謂彼諸法與心相應。彼復云何？謂觸、作意、受、想、思；欲、勝解、念、三摩地、慧；信、慚、愧、無貪善根、無瞋善根、無癡善根、精進、輕安、不放逸、捨、不害；貪、瞋、慢、無明、見、疑；忿、恨、覆、惱、嫉、慳、誑、諂、驕、害；無慚、無愧；昏沉、掉舉、不信、懈怠、放逸、忘念、散亂、不正知；惡作、睡眠、尋、伺。

是諸心法，五是遍行、五是別境、十一是善、六是煩惱、餘是隨煩惱、四是不決定。

云何為觸？謂三和合，分別為性。云何作意？謂能令心發悟為性。云何為思？謂於功德、過失及俱相違，令心造作意業為性。

云何為欲？謂於可愛事，希望為性。云何勝解？謂於決定事，即如所了，印可為性。云何為念？謂於串習事，令心不忘，明記為性。云何三摩地？謂於所觀事，令心一境，不散為性。云何為慧？謂即於彼，擇法為性，或如理所引、或不如理所引、或俱非所引。

云何為信？謂於業、果、諸諦、寶中，極正符順，心淨為性。云何為慚？謂自增上及法增上，於所作罪，羞恥為性。云何為愧？謂世增上，於所作罪，羞恥為性。云何無貪？謂貪對治，令深厭患，無著為性。云何無瞋？謂瞋對治，以慈為性。云何無癡？謂癡對治，以其如實正行為性。云何精進？謂懈怠對治，心於善品，勇悍為性。云何輕安？謂粗重對治，身心調暢，堪能為性。

云何不放逸？謂放逸對治，即是無貪乃至精進，依止此故，捨不善法及即修彼對治善法。云何為捨？謂即無貪乃至精進，依止此故，獲得所有心平等性、心正直性、心無發悟性。又由此故，於已除遣染污法中，無染安住。云何不害？謂害對治，以悲為性。

云何為貪？謂於五取蘊，染愛耽著為性。云何為瞋？謂於有情，樂作損害為性。

云何為慢？所謂七慢：一慢、二過慢、三慢過慢、四我慢、五增上慢、六卑慢、七邪慢。云何慢？謂於劣計已勝，或於等計已等，心高舉為性。云何過慢？謂於等計已勝，或於勝計已等，心高舉為性。云何慢過慢？謂於勝計已勝，心高舉為性。云何我慢？謂於五取蘊，隨觀為我或為我所，心高舉為性。云何增上慢？謂於未得增上殊勝所證法中，謂我已得，心高舉為性。云何卑慢？謂於多分殊勝，計已少分下劣，心高舉為性。云何邪慢？謂實無德，計已有德，心高舉為性。

云何無明？謂於業、果及諦、寶中，無智為性。此復二種，所謂俱生、分別所起。又欲纏貪、瞋及欲纏無明，名三不善根。謂貪不善根、瞋不善根、癡不善根。

云何為見？所謂五見：一薩迦耶見、二邊執見、三邪見、四見取、五戒禁取。云何薩迦耶見？謂於五取蘊，隨觀為我或為我所，染污慧為性。云何邊執見？謂即由彼增上力故，隨觀為常、或復為斷，染污慧為性。云何邪見？謂或謗因，或復謗果，或謗作用，或壞善事，染污慧為性。云何見取？謂即於三見及彼所依諸蘊，隨觀為最為上、為勝、為極，染污慧為性。云何戒禁取？謂於戒、禁及彼所依諸蘊，隨觀為清淨、為解脫、為出離，染污慧為性。

云何為疑？謂於諦等，猶豫為性。諸煩惱中，後三見及疑，惟分別起，餘通俱生及分別起。

云何為忿？謂遇現前不饒益事，心損惱為性。云何為恨？謂結怨不捨為性。云何為覆？謂於自罪，覆藏為性。云何為惱？謂發暴惡言，尤蛆為性。云何為嫉？謂於他盛事，心妒為性。云何為慳？謂施相違，心吝為性。云何為誑？謂為誑他，詐現不實事為性。云何為諂？謂覆藏自過方便所攝，心曲為性。云何為驕？謂於自盛事，染著倨傲，心恃為性。云何為害？謂於諸有情，損惱為性。

云何無慚？謂於所作罪，不自羞恥為性。云何無愧？謂於所作罪，不羞恥他為性。

云何昏沉？謂心不調暢，無所堪能，蒙昧為性。云何掉舉？謂心不寂靜為性。云何不信？謂信所對治，於業、果等不正信順，心不清淨為性。云何懈怠？謂精進所治，於諸善品，心不勇猛為性。云何放逸？謂即由貪、瞋、癡、懈怠故，於諸煩惱，心不防護；於諸善品，不能修習為性。云何失念？謂染污念，於諸善法不能明記為性。云何散亂？謂貪、瞋、癡分，心流蕩為性。云何不正知？謂於身、語、意現前行中，不正依住為性。

云何惡作？謂心變悔為性。云何睡眠？謂不自在轉，心極昧略為性。云何為尋？謂能尋求意言分別，思、慧差別，令心粗為性。云何為伺？謂能伺察意言分別，思、慧差別，令心細為性。

云何心不相應行？謂依色、心、心法分位，但假建立，不可施設決定異性及不異性。彼復云何？謂得、無想等至、滅盡等至、無想所有、命根、眾同分、生、老、住、無常、名身、句身、文身、異生性。如是等類。

云何為得？謂若獲、若成就。此復三種，謂若種子、若自在、若現前，如其所應。云何無想等至？謂已離遍淨貪，未離上貪，由出離想作意為先，不恆現行心、心法滅為性。云何滅盡等至？謂已離無所有處貪，從第一有更求勝進，由止息想，作意為先，不恆現行及恆行一分心、心法滅為性。

云何無想所有？謂無想等至果，無想有情天中生已，不恆現行心、心法滅為性。云何命根？謂於眾同分中，先業所引住時決定為性。云何眾同分？謂諸有情，自類相似為性。云何為生？謂於眾同分中，諸行本無今有為性。云何為老？謂即如是諸行相續，變異為性。云何為住？謂即如是諸行相續，隨轉為性。云何無常？謂即如是諸行相續，謝滅為性。云何名身？謂諸法自性，增語為性。云何句身？謂諸法差別，增語為性。云何文身？謂諸字為性，以能表彰前二種故。亦名為顯，由與名、句為所依止，顯了義故。亦名為字，非差別門所變易故。云何異生性？謂於諸聖法，不得為性。如是等類已說行蘊。

云何識蘊？謂於所緣境，了別為性。亦名心、意，由採集故、意所攝故。

最勝心者，謂阿賴耶識。何以故？由此識中，諸行種子皆採集故。又此行緣不可分別，前後一類相續隨轉。又由此故，從滅盡等至、無想等至、無想所有起者，了別境名轉識還生，待所緣緣差別轉故。數數間斷，還復轉故，又令生死流轉旋還故。阿賴耶識者，謂能攝藏一切種子故，又能攝藏我慢相故，又復緣身為境界故。即此亦名阿陀那識，能執持身故。最勝意者，謂緣阿賴耶識為境，恆與我癡、我見、我慢及我愛等相應之識，前後一類相續隨轉，除阿羅漢果及與聖道、滅盡等至現在前位。

問：「以何義故說名為蘊？」答：「以積聚義說名為蘊，謂世相續、品類、趣處差別色等，總略攝故。」

復有十二處：謂眼處、色處、耳處、聲處、鼻處、香處、舌處、味處、身處、觸處、意處、法處。眼等五處及色、聲、香、味處，如前已釋。言觸處者，謂四大種及前所說所觸一分。言意處者，即是識蘊。言法處者，謂受、想、行、蘊，無表色等，及與無為。

云何無為？謂虛空無為、非擇滅無為、擇滅無為及真如等。云何虛空？謂若容受諸色。云何非擇滅？謂若滅非離繫。此復云何？謂離煩惱對治而諸蘊畢竟不生。云何擇滅？謂若滅是離繫。此復云何？謂由煩惱對治故諸蘊畢竟不生。云何真如？謂諸法法性，法無我性。問：「以何義故名為處耶？」答：「諸識生長門義是處義。」

復有十八界：謂眼界、色界、眼識界、耳界、聲界、耳識界、鼻界、香界、鼻識界、舌界、味界、舌識界、身界、觸界、身識界、意界、法界、意識界。眼等諸界及色等諸界，如處中說。六識界者，謂依眼等根，緣色等境，了別為性。言意界者，謂即彼無間滅等，為欲顯示第六意識及廣建立十八界故。如是色蘊即十處、十界及法處、法界一分。識蘊即意處及七心界。餘三蘊及色蘊一分，並諸無為，即法處、法界。

問：「以何義故，說名為界？」答：「以能任持、無作用性自相義故，說名為界。」問：「以何義故宣說蘊等？」答：「為欲對治三種我執，如其次第。三種我執者，謂一性我執、受者我執、作者我執。」

復次，此十八界，幾有色？謂十界、一少分，即色蘊自性。幾無色？謂所餘界。幾有見？謂一色界。幾無見？謂所餘界。幾有對？謂十有色界，若彼於是處有所障礙，是有對義。幾無對？謂所餘界。幾有漏？謂十五界及後三少分，由於是處煩惱起故，現所行處故。幾無漏？謂後三少分。幾欲界繫？謂一切。幾色界繫？謂十四，除香、味、鼻、舌識。幾無色界繫？謂後三。幾不繫？謂即彼無漏界。幾蘊所攝？謂除無為。幾取蘊所攝？謂有漏。幾善？幾不善？幾無記？謂十通三種，七心界及色、聲、法界；八無記。幾是內？謂十二，除色、聲、香、味、觸及法界。幾是外？謂六即所除。幾有緣？謂七心界及法界少分，心所有法。幾無緣？謂餘十及法界少分。幾有分別？謂意界、意識界、法界少分。幾執受？謂五內界及四界少分，謂色、香、味、觸。幾非執受？謂餘九、四少分。幾同分？謂五內有色界，由與自識等境界故。幾彼同分？謂即彼自識空時，與自類等故。

—附錄二—

大乘廣五蘊論

安慧菩薩造
大唐中天竺國三藏地婆訶羅奉詔譯

佛說五蘊，謂色蘊、受蘊、想蘊、行蘊、識蘊。

云何色蘊？謂四大種及大種所造色。

云何四大種？謂地界、水界、火界、風界。此復云何？謂地堅性、水濕性、火暖性、風輕性。界者，能持自性、所造色故。

云何四大所造色？謂眼根、耳根、鼻根、舌根、身根、色、聲、香、味及觸一分、無表色等。造者，因義。根者，最勝自在義、主義、增上義，是為根義。所言主義，與誰為主？謂即眼根與眼識為主，生眼識故；如是乃至身根與身識為主，生身識故。

云何眼根？謂以色為境，淨色為性。謂於眼中一分淨色，如淨醍醐。此性有故，眼識得生，無即不生。云何耳根？謂以聲為境，淨色為性。謂於耳中一分淨色。此性有故，耳識得生，無即不生。云何鼻根？謂以香為境，淨色為性。謂於鼻中一分淨色。此性有故，鼻識得生，無即不生。云何舌根？謂以味為境，淨色為性。謂於舌上周遍淨色；有說，此於舌上，有少不遍，如一毛端。此性有故，舌識得生，無即不生。云何身根？謂以觸為境，淨色為性。謂於身中周遍淨色。此性有故，身識得生，無即不生。

云何色？謂眼之境，顯色、形色及表色等。顯色有四種，謂青、黃、赤、白。形色，謂長、短等。云何聲？謂耳之境，執受大種因聲、非執受大種因聲、俱大種因聲。諸心、心法，是能執受；蠢動之類，是所執受。執受大種因聲者，如手相擊、語言等聲；非執受大種因聲者，如風林、駛水等聲；俱大種因聲者，如手擊鼓等聲。云何香？謂鼻之境，好香、惡香、平等香。好香者，謂與鼻合時，於蘊相續，有所順益；惡香者，謂與鼻合時，於蘊相續，有所違損；平等香者，謂與鼻合時，無所損益。云何味？謂舌之境，甘、醋、鹹、辛、苦、淡等。

云何觸一分？謂身之境，除大種，謂滑性、澀性、重性、輕性、冷、飢、渴等。滑謂細軟，澀謂粗強，重謂可稱，輕謂反是。暖欲為冷，觸是冷因，此即於因，立其果稱。如說諸佛出世樂，演說正法樂，眾僧和合樂，同修精進樂，精進勤苦，雖是樂因，即說為樂，此亦如是。欲食為飢，欲飲為渴，說亦如是。已說七種造觸，及前四大，十一種等。

云何無表色等？謂有表業、三摩地所生，無見無對色等。有表業者，謂身、語表，此通善、不善、無記性。所生色者，謂即從彼善、不善表所生之色，此不可顯示，故名無表。三摩地所生色者，謂四靜慮所生色等。此無表色是所造性，名善律儀、不善律儀等，亦名業，亦名種子。如是諸色，略為三種：一者可見有對，二者不可見有對，三者不可見無對。是中可見有對者，謂顯色等；不可見有對者，謂眼根等；不可見無對者，謂無表色等。

云何受蘊？受有三種：謂樂受、苦受、不苦不樂受。樂受者，謂此滅時，有和合欲。苦受者，謂此生時，有乖離欲。不苦不樂受者，謂無二欲。無二欲者，謂無和合及乖離欲。受，謂識之領納。

云何想蘊？謂能增勝取諸境相。增勝取者，謂勝力能取，如大力者，說名勝力。

云何行蘊？謂除受、想諸餘心法及心不相應行。

云何餘心法？謂與心相應諸行。觸、作意、思。欲、勝解、念、三摩地、慧。信、慚、愧、無貪、無瞋、無癡、精進、輕安、不放逸、捨、不害。貪、瞋、慢、無明、見、疑。忿、恨、覆、惱、嫉、慳、誑、諂、驕、害。無慚、無愧。昏沉、掉舉、不信、懈怠、放逸、失念、散亂、不正知。惡作、睡眠、尋、伺。

是諸心法，五是遍行，此遍一切善、不善、無記心，故名遍行；五是別境，此五一一於差別境展轉決定，性不相離，是中有一，必有一切；十一為善；六為煩惱；餘是隨煩惱；四為不定，此不定四，非正、隨煩惱，以通善及無記性故。觸等體性及業，應當解釋。

云何觸？謂三和合，分別為性。三和，謂眼、色、識如是等，此諸和合，心、心法生，故名為觸。與受所依為業。云何作意？謂令心發悟為性。令心、心法現前警動，是憶念義，任持攀緣心為業。云何思？謂於功德、過失及以俱非，令心造作意業為性。此性若有，識攀緣用即現在前，猶如磁石引鐵令動，能推善、不善、無記心為業。

云何欲？謂於可愛樂事，希望為性。愛樂事者，所謂可愛見聞等事，是願樂希求之義，能與精進所依為業。云何勝解？謂於決定境，如所了知，印可為性。決定境者，謂於五蘊等，如日親說：「色如聚沫，受如水泡，想如陽炎，行如芭蕉，識如幻境。」如是決定。或如諸法所住自相，謂即如是而生決定。言決定者，即印持義，餘無引轉為業。此增勝故，餘所不能引。云何念？謂於慣習事，心不忘失，明記為性。慣習事者，謂曾所習行，與不散亂所依為業。云何三摩地？謂於所觀事，心一境性。所觀事者，謂五蘊等及無常、苦、空、無我等。心一境者，是專注義，與智所依為業，由心定故，如實了知。云何慧？謂即於彼，擇法為性，或如理所引、或不如理所引、或俱非所引。即於彼者，謂所觀事。擇法者，謂於諸法自相、共相，由慧揀擇，得決定故。如理所引者，謂佛弟子；不如理所引者，謂諸外道；俱非所引者，謂餘眾生。斷疑為業；慧能揀擇，於諸法中，得決定故。

云何信？謂於業、果、諸諦、寶等，深正符順，心淨為性。於業者，謂福、非福、不動業。於果者，謂須陀洹、斯陀含、阿那含、阿羅漢果。於諦者，謂苦、集、滅、道諦。於寶者，謂佛、法、僧寶。於如是業、果等，極相符順，亦名清淨及希求義，與欲所依為業。云何慚？謂自增上及法增上，於所作罪，羞恥為性。罪謂過失，智者所厭患故。羞恥者，謂不作眾罪，防息惡行所依為業。云何愧？謂他增上，於所作罪，羞恥為性。他增上者，謂怖畏責罰及議論等，所有罪失，羞恥於他，業如慚說。

云何無貪？謂貪對治，令深厭患，無著為性。謂於諸有及有資具，染著為貪。彼之對治，說為無貪，此即於有及有資具，無染著義。遍知生死諸過失故，名為厭患，惡行不起所依為業。云何無瞋？謂瞋對治，以慈為性。謂於眾生，不損害義，業如無貪說。云何無癡？謂癡對治，如實正行為性。如實者，略謂四聖諦，廣謂十二緣起。於彼加行，是正知義，業亦如無貪說。云何精進？謂懈怠對治，善品現前，勤勇為性。謂若被甲、若加行、若無怯弱、若不退轉、若無喜足，是如此義，圓滿成就善法為業。云何輕安？謂粗重對治，身心調暢，堪能為性。謂能棄捨十不善行，除障為業。由此力故，除一切障，轉捨粗重。云何不放逸？謂放逸對治，依止無貪乃至精進，捨諸不善，修彼對治諸善法故。謂貪、瞋、癡及以懈怠，名為放逸。對治彼故，是不放逸。謂依無貪、無瞋、無癡、精進四法，對治不善法。修習善法故，世、出世間正行所依為業。云何捨？謂依如是無貪、無瞋乃至精進，獲得心平等性、心正直性、心無功用性。又復由此，離諸雜染法，安住清淨法。謂依無貪、無瞋、無癡、精進性故，或時遠離昏沉、掉舉諸過失故，初得心平等；或時任運無勉勵故，次得心正直；或時遠離諸雜染故，最後獲得心無功用。業如不放逸說。云何不害？謂害對治，以悲為性。謂由悲故，不害群生，是無瞋分，不損惱為業。

云何貪？謂於五取蘊，染愛耽著為性。謂此纏縛，輪迴三界，生苦為業。由愛力故，生五取蘊。云何瞋？謂於群生，損害為性。住不安穩及惡行所依為業。不安穩者，謂損害他，自住苦故。

云何慢？慢有七種：謂慢、過慢、過過慢、我慢、增上慢、卑慢、邪慢。云何慢？謂於劣計己勝，或於等計己等，如是心高舉為性。云何過慢？謂於等計己勝，或於勝計己等，如是心高舉為性。云何過過慢？謂於勝計己勝，如是心高舉為性。云何我慢？謂於五取蘊，隨計為我或為我所，如是心高舉為性。云何增上慢？謂未得增上殊勝所證之法，謂我已得，如是心高舉為性。增上殊勝所證法者，謂諸聖果及三摩地、三摩缽底等，於彼未得，謂我已得，而自矜倨。云何卑慢？謂於多分殊勝，計己少分下劣，如是心高舉為性。云何邪慢？謂實無德，計己有德，如是心高舉為性。不生敬重所依為業，謂於尊者及有德者，而起倨傲，不生崇重。

云何無明？謂於業、果、諦、寶，無智為性。此有二種：一者俱生，二者分別。又欲界貪、瞋及以無明，為三不善根，謂貪不善根、瞋不善根、癡不善根。此復俱生、不俱生、分別所起。俱生者，謂禽獸等；不俱生者，謂貪相應等；分別者，謂諸見相應，與虛妄決定，疑煩惱所依為業。

云何見？見有五種：謂薩迦耶見、邊執見、邪見、見取、戒取。云何薩迦耶見？謂於五取蘊，隨執為我或為我所，染慧為性。薩謂敗壞義，迦耶謂和合積聚義，即於此中，見一見常，異蘊有我，蘊為我所等。何故復如是說？謂薩者破常想，迦耶破一想，無常積集，是中無我及我所故。染慧者，謂煩惱俱，一切見品所依為業。云何邊執見？謂薩迦耶見增上力故，即於所取，或執為常、或執為斷，染慧為性。常邊者，謂執我自在，為遍常等；斷邊者，謂執有作者、丈夫等，彼死已不復生，如瓶既破更無盛用，障中道、出離為業。云何邪見？謂謗因果，或謗作用，或壞善事，染慧為性。謗因者，因謂業、煩惱性，合有五支。煩惱有三種，謂無明、愛、取；業有二種，謂行及有。有者，謂依阿賴耶識諸業種子，此亦名業。如世尊說：「阿難，若業能與未來果，彼亦名有。」如是等，此謗名為謗因。謗果者，果有七支，謂識、名色、六處、觸、受、生、老死，此謗為謗果。或復謗無善行、惡行，名為謗因；謗無善行、惡行果報，名為謗果。謗無此世他世、無父無母、無化生眾生，此謗為謗作用，謂從此世往他世作用、種子任持作用、結生相續作用等。謗無世間阿羅漢等，為壞善事，斷善根為業；不善根堅固所依為業。又生不善，不生善為業。云何見取？謂於三見及所依蘊，隨計為最為上、為勝、為極，染慧為性。三見者，謂薩迦耶、邊執、邪見。所依蘊者，即彼諸見所依之蘊，業如邪見說。云何戒禁取？謂於戒、禁及所依蘊，隨計為清淨、為解脫、為出離，染慧為性。戒者，謂以惡見為先，離七種惡。禁者，謂牛狗等禁及自拔髮、執三支杖、僧佉定慧等，此非解脫之因。又計大自在或計世主及入水、火等，此非生天之因。如是等，彼計為因。所依蘊者，謂即戒、禁所依之蘊。清淨者，謂即說此無間方便，以為清淨。解脫者，謂即以此解脫煩惱。出離者，謂即以此出離生死，是如此義，能與無果唐勞、疲苦所依為業。無果唐勞者，謂此不能獲出苦義。

云何疑？謂於諦、寶等，為有為無，猶豫為性。不生善法所依為業。諸煩惱中，後三見及疑，惟分別起，餘通俱生及分別起。

云何忿？謂依現前不饒益事，心憤為性。能與暴惡、執持鞭杖所依為業。云何恨？謂忿為先，結怨不捨為性。能與不忍所依為業。云何覆？謂於過失，隱藏為性。謂藏隱罪故，他正教誨時，不能發露，是癡之分；能與追悔、不安穩住所依為業。云何惱？謂發暴惡言，陵犯為性。忿恨為先，心起損害；暴惡言者，謂切害粗獷，能與憂苦、不安穩住所依為業；又能發生非福為業，起惡名稱為業。云何嫉？謂於他盛事，心妒為性。為名利故，於他盛事，不堪忍耐，妒忌心生，自住憂苦所依為業。云何慳？謂施相違，心吝為性。謂於財等，生吝惜故，不能惠施，如是為慳。心遍執著利養眾具，是貪之分，與無厭足所依為業。無厭足者，由慳吝故，非所用物，猶恆積聚。云何誑？謂矯妄於他，詐現不實功德為性，是貪之分，能與邪命所依為業。云何諂？謂矯設方便，隱己過惡，心曲為性。謂於名利，有所計著，是貪癡分，障正教誨為業。復由有罪，不自如實發露歸懺，不任教授。云何驕？謂於盛事，染著倨傲，能盡為性。盛事者，謂有漏盛事；染著倨傲者，謂於染愛，悅豫矜恃，是貪之分。能盡者，謂此能盡諸善根故。云何害？謂於眾生，損惱為性，是瞋之分。損惱者，謂加鞭杖等，即此所依為業。

云何無慚？謂所作罪，不自羞恥為性。一切煩惱及隨煩惱，助伴為業。云何無愧？謂所作罪，不羞他為性，業如無慚說。

云何昏沉？謂心不調暢，無所堪任，蒙昧為性，是癡之分，與一切煩惱及隨煩惱所依為業。云何掉舉？謂隨憶念喜樂等事，心不寂靜為性。應知憶念先所遊戲歡笑等事，心不寂靜，是貪之分，障奢摩他為業。云何不信？謂信所治，於業、果等，不正信順，心不清淨為性；能與懈怠所依為業。云何懈怠？謂精進所治，於諸善品，心不勇進為性；能障勤修眾善為業。云何放逸？謂依貪、瞋、癡、懈怠故，於諸煩惱，心不防護，於諸善品，不能修習為性；不善增長、善法退失所依為業。云何失念？謂染污念，於諸善法不能明記為性。染污念者，謂煩惱俱；於善不明記者，謂於正教授不能憶持義，能與散亂所依為業。云何散亂？謂貪、瞋、癡分，令心、心法流散為性；能障離欲為業。云何不正知？謂煩惱相應慧，能起不正身、語、意行為性。違犯律行所依為業，謂於去、來等，不正觀察故，而不能知應作不應作，致犯律儀。

云何惡作？謂心變悔為性。謂惡所作，故名惡作。此惡作體，非即變悔，由先惡所作，後起追悔故，此即以果從因為目，故名惡作。譬如六觸處，說為先業。此有二位，謂善、不善。於二位中，復各有二：若善位中，先不作善，後起悔心，彼因是善，悔亦是善；若先作惡，後起悔心，彼因不善，悔即是善。若不善位，先不作惡，後起悔心，彼因不善，悔亦不善；若先作善，後起悔心，彼因是善，悔是不善。云何睡眠？謂不自在轉，昧略為性。不自在者，謂令心等不自在轉，是癡之分。又此自性不自在故，令心、心法極成昧略。此善、不善及無記性，能與過失所依為業。云何尋？謂思、慧差別，意言尋求，令心粗相分別為性。意言者，謂是意識，是中或依思、或依慧而起。分別粗相者，謂尋求瓶、衣、車、乘等之粗相，樂觸、苦觸等所依為業。云何伺？謂思、慧差別，意言伺察，令心細相分別為性。細相者，謂於瓶、衣等，分別細相成不成等差別之義。

云何心不相應行？謂依色、心等分位假立，謂此與彼不可施設異、不異性。此復云何？謂得、無想定、滅盡定、無想天、命根、眾同分、生、老、住、無常、名身、句身、文身、異生性。如是等。

云何得？謂若獲、若成就。此復三種，謂種子成就、自在成就、現起成就，如其所應。云何無想定？謂離遍淨染，未離上染，以出離想作意為先，所有不恆行心、心法滅為性。云何滅盡定？謂已離無所有處染，從第一有更起勝進，暫止息想，作意為先，所有不恆行及恆行一分心、心法滅為性。不恆行，謂六轉識。恆行，謂攝藏識及染污意。是中六轉識品及染污意滅，皆滅盡定。

云何無想天？謂無想定所得之果，生彼天已，所有不恆行心、心法滅為性。云何命根？謂於眾同分，先業所引住時分限為性。云何眾同分？謂諸群生，各各自類相似為性。云何生？謂於眾同分，所有諸行本無今有為性。云何老？謂彼諸行相續，變壞為性。云何住？謂彼諸行相續，隨轉為性。云何無常？謂彼諸行相續，謝滅為性。云何名身？謂於諸法自性，增語為性，如說眼等。云何句身？謂於諸法差別，增語為性，如說諸行無常等。云何文身？謂即諸字，此能表了前二性故。亦名顯，謂名、句所依，顯了義故。亦名字，謂無異轉故。前二性者，謂詮自性及以差別，顯謂顯了。云何異生性？謂於聖法，不得為性。

云何識蘊？謂於所緣，了別為性。亦名心，能採集故。亦名意，意所攝故。

若最勝心，即阿賴耶識，此能採集諸行種子故。又此行相不可分別，前後一類相續轉故。又由此識從滅盡定、無想定、無想天起者，了別境界轉識復生，待所緣緣差別轉故。數數間斷，還復生起，又令生死流轉迴還故。阿賴耶識者，謂能攝藏一切種子，又能攝藏我慢相故，又復緣身為境界故。又此亦名阿陀那識，執持身故。最勝意者，謂緣藏識為境之識，恆與我癡、我見、我慢、我愛相應，前後一類相續隨轉，除阿羅漢、聖道、滅定現在前位。如是六轉識及染污意、阿賴耶識，此八名識蘊。

問：「蘊為何義？」答：「積聚是蘊義，謂世間相續、品類、趣處差別色等，總略攝故。」如世尊說：「比丘，所有色，若過去，若未來，若現在，若內若外，若粗若細，若勝若劣，若近若遠，如是總攝為一色蘊。」

復有十二處：謂眼處、色處、耳處、聲處、鼻處、香處、舌處、味處、身處、觸處、意處、法處。眼等五處及色、聲、香、味處，如前已釋。觸處謂諸大種及一分觸。意處即是識蘊。法處謂受、想、行蘊，並無表色等，及諸無為。

云何無為？謂虛空無為、非擇滅無為、擇滅無為及真如等。虛空者，謂容受諸色。非擇滅者，謂若滅非離繫。云何非離繫？謂離煩惱對治諸蘊畢竟不生。云何擇滅？謂若滅是離繫。云何離繫？謂煩惱對治諸蘊畢竟不生。云何真如？謂諸法法性，法無我性。問：「處為何義？」答：「諸識生長門是處義。」

復有十八界：謂眼界、色界、眼識界、耳界、聲界、耳識界、鼻界、香界、鼻識界、舌界、味界、舌識界、身界、觸界、身識界、意界、法界、意識界。眼等諸界及色等諸界，如處中說。六識界者，謂依眼等根，緣色等境，了別為性。意界者，即彼無間滅等，為顯第六識依止及廣建立十八界故。如是色蘊即十處、十界及法處、法界一分。識蘊即意處及七心界。餘三蘊及色蘊一分，並諸無為，即法處、法界。

問：「界為何義？」答：「任持、無作用性自相是界義。」問：「以何義故說蘊、界、處等？」答：「對治三種我執故，所謂一性我執、受者我執、作者我執。如其次第。」

復次，此十八界，幾有色？謂十界、一少分，即色蘊自性。幾無色？謂所餘界。幾有見？謂一色界。幾無見？謂所餘界。幾有對？謂十色界，若彼於此有所礙故。幾無對？謂所餘界。幾有漏？謂十五界及後三少分，謂於是處煩惱起故，現所行處故。幾無漏？謂後三少分。幾欲界繫？謂一切。幾色界繫？謂十四，除香、味及鼻、舌識。幾無色界繫？謂後三。幾不繫？謂即彼無漏。幾蘊所攝？謂除無為。幾取蘊所攝？謂有漏。幾善？幾不善？幾無記？謂十通三性，七心界、色、聲及法界一分；八無記性。幾是內？謂十二，除色、聲、香、味、觸及法界。幾是外？謂所餘六。幾有緣？謂七心界及法界少分，心所法性。幾無緣？謂餘十及法界少分。幾有分別？謂意識界、意界及法界少分。幾有執受？謂五內界及四界少分，謂色、香、味、觸。幾非執受？謂餘九及四少分。幾同分？謂五內有色界，與彼自識等境界故。幾彼同分？謂彼自識空時，與自類等故。

智慧人 18

唯識第一課——大乘廣五蘊論略解

An Introduction to Consciousness-Only School Teachings
Thoughts on *A Comprehensive Mahayana Treatise on the Five Skandhas*

著者	淨海法師
出版	法鼓文化
總監	釋果賢
總編輯	陳重光
編輯	許菱窈
封面設計	化外設計
地址	臺北市北投區公館路186號5樓
電話	(02)2893-4646
傳真	(02)2896-0731
網址	http://www.ddc.com.tw
E-mail	market@ddc.com.tw
讀者服務專線	(02)2896-1600
初版一刷	2012年5月
初版五刷	2021年11月
建議售價	新臺幣280元
郵撥帳號	50013371
戶名	財團法人法鼓山文教基金會一法鼓文化
北美經銷處	紐約東初禪寺 Chan Meditation Center (New York, USA) Tel: (718)592-6593 E-mail: chancenter@gmail.com

法鼓文化

國家圖書館出版品預行編目資料

唯識第一課：大乘廣五蘊論略解 ／ 淨海法師著.
-- 初版. -- 臺北市：法鼓文化, 2012. 05
面 ； 公分
ISBN 978-957-598-587-5（平裝）

1. 瑜伽部

222.13 101005788